财务竞争力
从财务新手到企业高管

雷蕾——著

中国铁道出版社有限公司
CHINA RAILWAY PUBLISHING HOUSE CO., LTD.

图书在版编目（CIP）数据

财务竞争力：从财务新手到企业高管 / 雷蕾著．
北京：中国铁道出版社有限公司，2025.8． -- ISBN
978-7-113-32439-1

Ⅰ．F275

中国国家版本馆 CIP 数据核字第 2025FV1588 号

书　　名：	财务竞争力：从财务新手到企业高管
	CAIWU JINGZHENGLI：CONG CAIWU XINSHOU DAO QIYE GAOGUAN
作　　者：	雷　蕾

责任编辑：马真真　　　　　　　　编辑部电话：（010）51873459
封面设计：郭瑾萱
责任校对：刘　畅
责任印制：赵星辰

出版发行：中国铁道出版社有限公司（100054，北京市西城区右安门西街 8 号）
网　　址：https://www.tdpress.com
印　　刷：河北宝昌佳彩印刷有限公司
版　　次：2025 年 8 月第 1 版　2025 年 8 月第 1 次印刷
开　　本：710 mm×1 000 mm　1/16　印张：16.5　字数：216 千
书　　号：ISBN 978-7-113-32439-1
定　　价：79.00 元

版权所有　侵权必究

凡购买铁道版图书，如有印制质量问题，请与本社读者服务部联系调换。电话：（010）51873174
打击盗版举报电话：（010）63549461

序 一

在当今经济环境下,企业对财务人才的需求发生了深刻变化。传统的记账与报税职能已无法满足企业战略发展的需要,财务人员正逐步从"账房先生"转型为"战略军师"。这一转型不仅要求财务人员具备扎实的专业知识,还需要拥有业务思维、战略眼光和数字化能力。这本书正是围绕这一核心命题展开,为财务人员提供了清晰的职业发展路径和能力提升方法。

本书的独特之处在于系统性和实操性。雷蕾从财务基础岗位入手,逐步引导读者走向管理岗位,最终成为企业的战略合伙人。每一章节都结合真实案例,深入浅出地阐述财务人员如何在不同阶段提升自我价值。尤为难得的是,书中不仅关注财务人员的个人成长,还从企业管理的角度,探讨了如何优化财务部门、提升整体效率。这种"个人与企业双赢"的视角,使得本书的实用价值更加突出。

此外,本书的语言通俗易懂,即便是非财务专业背景的企业高管也能从中获益。作者以其丰富的跨行业经验,将复杂的财务问题转化为业务语言,帮助读者打破财务与业务之间的认知壁垒。这种"业财融合"的写作方式,正是当下企业最需要的思维方式。

作为中央财经大学的校友,雷蕾的成长历程也让我倍感欣慰。她从中财的学术殿堂走向国际舞台,再回归到企业实践,最终将多年积累的经验凝练成书,回馈社会。这种"学以致用、报效社会"的精神,正是中财人"忠诚、团结、求实、创新"校训的生动体现。

  我相信，无论是财务专业的学生、在职财务人员，还是企业管理者，都能从这本书中获得启发。它不仅是一本职业指南，更是一部推动财务行业变革的力作。希望读者通过这本书，能够找到自己的职业方向，实现从"账房先生"到"战略军师"的华丽转身。

王瑞华

中央财经大学粤港澳大湾区

（黄埔）研究院执行院长

序 二

作为中央财经大学的一名会计学教师，当我看到曾经的学生雷蕾写作的《财务竞争力：从财务新手到企业高管》这本书时，内心倍感欣慰与自豪。当年那个在课堂上勤学好问、思维敏捷的学生，如今已成长为一名兼具深厚专业功底和丰富实战经验的财务专家，并将自己的职业心得凝练成书，惠及更多同行。

在多年的教学生涯中，我深刻感受到财务专业教育的局限性——课堂上我们传授会计准则、税务法规和报表分析，却往往难以让学生真正理解如何将这些知识转化为企业管理的实际价值。而雷蕾的这本书恰恰填补了这一空白。她从最基础的出纳、会计岗位讲起，一步步引导读者突破传统财务的思维定式，走向业财融合与战略决策的高度。这种由浅入深、理论与实践紧密结合的写作方式，不仅对财务新人极具指导意义，也能帮助资深财务人员突破职业瓶颈。

本书的亮点在于真实性与实用性。雷蕾结合自身在外企、国企、上市公司等不同平台的实战经验，用生动的案例揭示了财务人员如何从"后端记录者"转型为"前端决策支持者"。例如，她提到财务 BP 不仅要懂数据，更要懂业务逻辑；战略财务不仅要会算账，还要能通过流程优化和资源整合为企业创造价值。这些观点不仅源于她的亲身实践，也与当前企业对高端财务人才的需求高度契合。

特别是，雷蕾在书中始终强调"业财融合"与"数字化思维"。她指出，未来的财务精英必须是"跨界者"——既能用业务语言对话，又能通过数据工具提升效率。这与我在教学中一直倡导的"财务人员要跳出分录看管理"的理念不谋而合。书中关于动态看板、数据颗粒度、流程成本等内容的探讨，更为财务数字化转型提供了落地指南。

作为雷蕾的老师，我见证了她从学生到职场精英的成长，也深知她对财务职业的热爱与思考。这本书不仅凝聚了她十余年的职业智慧，更饱含她对财务行业未来的深刻洞察。无论是初入职场的学生、寻求转型的财务人，还是希望提升财务管理水平的企业管理者，都能从中获得启发。

衷心祝愿本书成为财务人案头常备的"进阶手册"，也期待雷蕾继续以专业与热情，助力更多财务人迈向更广阔的舞台。

王　鑫

中央财经大学会计学院副教授

目 录

第一篇　初识财务：迷茫与困惑

第一章　财务入门现状
第一节　财务职业危机已然来临 / 4
第二节　这么多岗位，傻傻分不清 / 6
第三节　HR 的困境：高标招人，低配任务 / 11

第二章　管理思维的锻炼
第一节　你才是出纳，我这叫资金管理 / 16
第二节　费控管理可不只是审核报销 / 27
第三节　应付会计，管好了可以降本 / 38
第四节　应收会计，潜在的建模大师 / 48

第二篇　财务经理：财务人的职业"天花板"

第三章　管理可是个技术活
第一节　什么是不好的管理 / 64
第二节　搭建体系优化管理 / 69
第三节　管理的操心事儿可不少 / 83

第四章　如何给管理层交作业

第一节　财务分析可不是对着报表念数字 / 90

第二节　掌握这些技巧，让执行更到位 / 93

第三篇　财务 BP：稀缺与价值

第五章　成为财务 BP，提升思维能力

第一节　什么是财务 BP / 102

第二节　让业务把你当队友，学会沟通协作 / 106

第三节　与业务对齐颗粒度，同频对话 / 110

第四节　利用大数据，做有价值的分析 / 119

第六章　财务 BP 主要做哪些工作

第一节　业务口径的报表与经营分析 / 128

第二节　预算可不是拍脑袋 / 135

第三节　合同审核审什么 / 142

第四篇　战略财务：企业的内部咨询师

第七章　原来财务还可以做这些事儿

第一节　构建核决权限体系 / 160

第二节　优化流程管理 / 178

第三节　参与系统搭建 / 191

第四节　助力降本增效 / 199

第五节　业务要冲锋，财务先铺路 / 210

第五篇　职场智慧：财务人的成长指南

第八章　财务人的职业突围
　　第一节　财务和业务需要的是双向奔赴　/ 218
　　第二节　职场就是一个磨砺场　/ 225

第九章　财务新人如何快速站稳脚跟
　　第一节　财务新人的认知重塑　/ 234
　　第二节　财务新人如何做职业规划　/ 239
　　第三节　财务新人的求职技巧　/ 246

后　记 / 251

第一篇

初识财务：迷茫与困惑

在笔者上大学的那个时期，财务经管类专业可谓炙手可热，是众多学子的热门之选。那时候，该专业的应届毕业生可以轻松找到不错的工作岗位。然而，近几年来，这个曾经热门专业的毕业生在找工作时竟遭遇重重困难。即便有幸找到了合适的工作岗位，他们所面临的薪资待遇也呈现持续下滑的趋势。这种状况甚至引发了一些人的调侃："少壮不努力，老大当会计。"从另一个角度来看，高端财务管理岗位却呈现出截然不同的景象。对于这类岗位，市场需求旺盛，供不应求。与此同时，许多基层财务人员却苦于不知如何有效提升自己的能力，去角逐那些高端职位。那么，财务专业的前景究竟会如何发展呢？难道真的已经到了山穷水尽的境地了吗？

第一章

财务入门现状

在决定从事某一职业之前,首先需要对该职业的工作内容、就业前景、市场所需人才特质及企业招聘策略有一个全面而深入的了解。正所谓"知己知彼,百战不殆",只有对一份职业有了全方位、多层次的认知,才能真正明白自己努力的方向应该在哪里,并且清楚地知道需要掌握哪些知识和技能,进而有针对性地制定职业发展规划,逐步提升自己的核心竞争力,以便在未来的职业生涯中立于不败之地。

第一节 财务职业危机已然来临

选择财务作为职业生涯的起点，每个人的动机各不相同：有人认为财务岗位稳定，任何企业都离不开财务管理；有人认为随着经验的积累，自身价值会不断提升；还有人认为财务工作多在室内进行，环境舒适，尤其适合女性；更有声音将财务与销售并称为最有潜力成为CEO的两大职业路径，看似前途一片光明……现实真的如此乐观吗？

一、就业市场的严峻挑战

在当今竞争激烈的就业市场中，各行业的人才供需状况呈现出复杂多变的态势。其中，财务专业领域的情况尤为引人关注。相关数据显示，近年来，财务专业毕业生数量持续增加，就业市场的需求却并未与之同步增长，导致该领域人才竞争愈发激烈。

笔者曾受邀至一家职业辅导机构，为财务专业的学生分享职业规划的经验。在互动环节中，许多应届生纷纷表示根本找不到工作，简历投递后如石沉大海，面试机会遥遥无期。面对这些困惑与焦虑，除了建议他们优化简历、拓宽投递渠道，笔者确实难以给出更有效的解决之道。回想自己担任财务经理的经历，招聘一位拥有三年工作经验的普通财务人员，在北京这样的一线城市，月薪仅为6 000元至8 000元，从发布职位到最终候选人入职，整个过程不过十天左右，这充分说明了财务人才的饱和度。

更令人担忧的是，每年还有大量非科班出身的人涌入这个行业，试图通过转行成为财务人员来寻求职业发展的新机遇。笔者曾面试过一位30岁的应聘者，他原本从事工程建设行业，却因个人兴趣而辞职学习财务。但现实很残酷，即便是科班出身的财务专业毕业生也面临找工作难的问题，更何况是他这样半路出家的，结果可想而知。

二、财务人才呈现两极分化的趋势

公开数据显示，我国财务人员规模已达4 000多万，其中持有初级、中级、高级会计师等职业资格证书的专业人员有1 200多万。值得注意的是，每年仍有大量财务相关专业的应届毕业生持续不断地涌入就业市场，这无疑进一步加剧了该职业的人才供给压力，使得财务领域的就业竞争愈发激烈。这是否意味着财务职业已步入夕阳职业了呢？答案显然是否定的。

深入剖析这4 000多万财务人员的职业分布，不难发现超过九成的人员从事的都是最基础的核算工作，这类工作机械重复的内容较多，技术含量相对较低，因此可替代性高，竞争力也弱。与此同时，各大招聘网站上却常年挂着高阶财务管理人员的招聘信息，企业对于具备战略眼光、精通财务管理、熟悉法律法规且能够为企业创造巨大价值的高阶人才需求殷切，但往往难以寻觅到合适的人选。

这种供需之间的巨大落差，使得财务人才呈现两极分化的趋势，而且越来越明显，这预示着财务领域正经历深刻的变革与重塑。

三、时代变迁下的财务职业新要求

当前的就业市场呈现如此局面，归根结底，是时代发展速度过快所致。现有财务人员的知识储备与能力经验已难以满足当下市场的需求。在数字经济时代背景下，企业对财务人员岗位能力的要求正经历着指数级的进化。大多数学生在学校学习财务理论知识时，只要能准确编制分录、清晰计算数据、确保账目无误，便基本达到了教学要求。然而，在实际的财务工作中，传统的借贷分录编制工作正逐渐被先进的系统和技术所取代。在许多电算化水平较高的大型企业里，比如出纳在处理提单时，只需选择好某笔收支业务的类型，相关的会计凭证便能通过系统自动生成。即便是面对复杂业务，各企业也都有自己完备的核算手册，只要依葫芦画瓢，也能顺利完成工作。至于数据方面，管理层在查看报表时，往往更关注数量级。因为对于他们而言，500万和500.5万，并无太大区别，只要大数逻辑正确即可。

在财务工作领域，约70%核心实务技能的掌握依赖于实践场景中的持续积累。由于税务政策和会计准则经常更新，学校里学到的理论知识只能构建一个基础概念框架。虽然这些基础知识是财务工作的底层逻辑，但为了更好地适应专业领域的最新发展以及满足市场的需求，财务人员需要不断更新和深化理解。然而，要想真正精通财务工作，并从90%的基层岗位晋升到那10%的高阶管理职位，还需要做出多方面的努力：一方面，要在个人能力上进行提升，成为高级财务人员依赖的是综合素质，如管理能力、沟通协调能力等；另一方面，要积极寻求一位愿意指导下属的财务高管和一个充满机遇的发展平台。有时候，并非自己不够优秀，而只是缺少一个合适的机会来展示自己的潜力。毕竟，优秀的人才很多，能够识别并培养这些人才的"伯乐"却相对罕见。

第二节 这么多岗位，傻傻分不清

传统的财务组织架构，呈现出的是典型的金字塔结构。在这一架构体系里，各岗位职能边界相对清晰且层级分明，主要涵盖了四个核心层级：现金管理（出纳岗位）、会计核算（会计岗位）、财务管理（财务经理岗位）及战略财务（财务总监岗位）。然而，随着企业在数字化转型的浪潮中不断深入推进，财务职能体系发生了极为显著的分化现象，涌现出了众多细分领域，市场对于财务人员的要求也从单纯的数据记录向更具前瞻性和全局性的战略支持方向转变。

笔者整合了一些常见岗位及职责（高管不在此讨论范围内），如图1-1所示。其他岗位相对传统，理解起来并无太大障碍。在此，重点介绍两个新兴岗位。

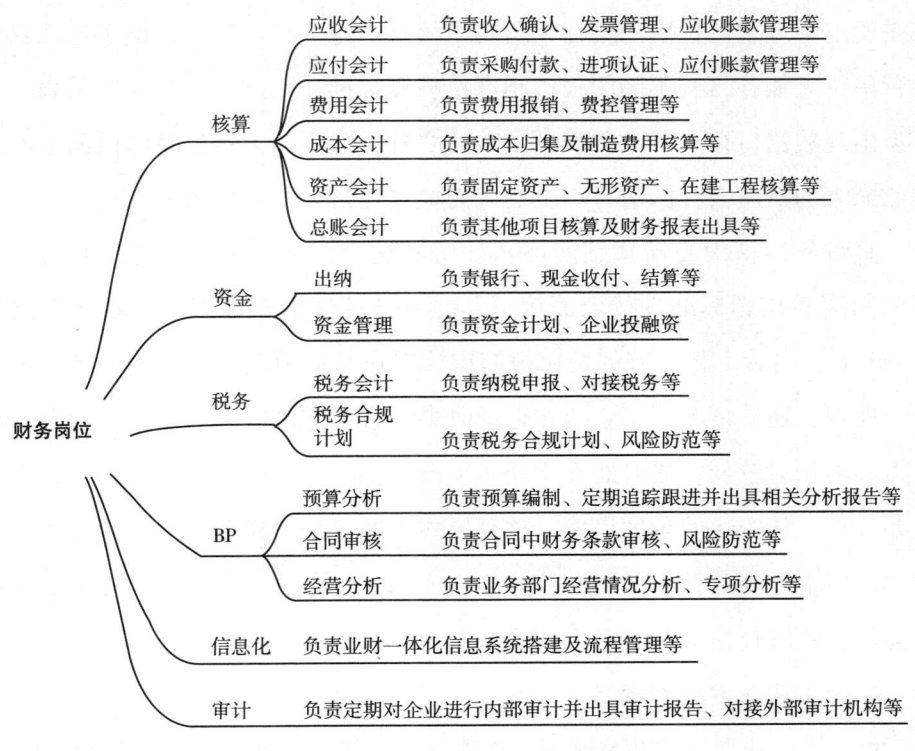

图 1-1 常见财务岗位分类及岗位职责

一、财务共享中心

财务共享中心代表了一种账务集中处理的创新模式。在这种模式下，企业会将众多基础且常规的财务工作进行集中整合，安排在统一的办公区域进行处理。其为企业提供了一种高效、低成本的财务管理解决方案，有助于企业在激烈的市场竞争中提升自身的竞争力和可持续发展能力。

1. 财务共享中心的优势

为了更好地理解这种模式的优势，来看一个例子。假设有一家大型集团化公司，其下属几百个经营单位。按照传统的财务管理模式，每个经营单位都需要配备至少一位费用会计来负责审核报销等工作。然而，由于这几百个经营单位可能各自有不同的报销制度及核算标准，因此在进行合并报表时，容易出现数据口径不一致的问题。除此之外，从集团公司的整体层面来看，如此庞大的费用会计队伍所产生的人力成本也是一笔不小的开支。

而财务共享中心模式则能够巧妙解决这个问题。首先，对企业内部的报销制度和核算标准进行全面统一，并将其梳理形成详细的标准操作流程（SOP）。之后，将所有的费用报销审核工作都集中在一个特定的地方进行统一处理。通常情况下，企业在选址时会综合考虑多方面因素，一般会选择人力成本相对较低，或者能够享受各项政策扶持及税收优惠的区域来设立集中办公点。从企业的角度出发，这种模式无疑带来了显著的降本增效成果。例如，原本需要几百个费用会计才能完成的工作，现在可能只需要十来个费用会计就能够轻松应对。

2. 个人职业发展考虑

从个人职业发展的角度来看，这种模式却并非尽善尽美。在这种模式下，财务人员往往就像一个流水线上的螺丝钉，他们的工作内容大多与具体业务相脱离，具有高度的可替代性，并且机械操作较多。长期从事这样的工作，很容易让财务人员产生职业疲惫感。当然，如果是作为共享中心的管理者，能够深度参与制度和流程的设计工作，那么这个岗位还是具有一定的吸引力和发展前景的。否则，对于大多数普通财务人员来说，在选择岗位时需要谨慎考虑这种模式带来的局限性。

二、财务业务伙伴（财务 BP）

财务 BP 是近年来开始走俏的一个高端财务岗位，顺应业财融合的大趋势产生。其不仅薪资待遇优厚，而且人才稀缺。简言之，这个岗位的要求就是：成为最懂财务的业务人和最懂业务的财务人。

1. 财务 BP 的职责与现状

该岗位旨在促使财务人员走出财务部门，贴近业务一线，实现从事后记账到事前管理的转型，助力企业规避风险，并协助业务提升绩效。

然而，对于这一转型岗位，市场上的职业培训尚不成熟。企业对财务 BP 的职责认知也处于摸索阶段，界定并不明确。目前，市面上的财务 BP 工作，更多是应收会计、费用会计、应付会计的延伸，只是财务人员走出了本部门，以与业务部门沟通联系为主，侧重预算及报表分析，同时参与合同审核及风险管理。

2. 财务 BP 面临的挑战

笔者接触过的财务 BP，在以业务为导向的企业里，目前仍处于事中参与的阶段，尚未实现事前管理。

（1）财务人员的行事原则与实际业务活动存在背离

财务人员注重凭证和依据，强调谨慎性原则，遵循各类法律规章和制度准则。而实际业务活动则更为灵活，业务人员或许仅有七成的把握就会开展工作。在税务方面，企业普遍期望在合法合规的框架下，充分利用国家提供的税收优惠政策，实现税负的优化。然而，也有极少数管理层因法律意识淡薄，心存侥幸，试图在法规边缘试探。需要强调的是，如今已进入金税四期时代，企业经营活动更加透明，唯有合法合规经营才能行稳致远。基于上述原因，科班出身的财务人员通常难以胜任 BP 工作，因为他们与业务人员的思维方式和看待问题的角度截然不同。

（2）财务人员未获得足够的授权参与业务决策

尽管企业已认识到财务对业务支撑的重要性，在实务工作中，却难以给予财务人员足够的授权来参与业务决策。由于市场机会稍纵即逝，若事事等待财务论证透彻，企业往往会错失抢占市场份额或进行战略布局的先机，而这些对企业至关重要。同时，一些以业务为导向的管理层本身对财务重视不足，虽然表面上让财务参与业务，但实际上更多是为了应付股东和内控管理的要求，并未给予财务充分的信任与理解，内心仍将财务视为业务的阻碍。因此，尽管业财融合的理念被广泛接受，但在很多企业中，它仍然只是停留在理论层面，难以得到有效实践。

例如，当业务部门准备签订合同时，由于企业内控要求财务 BP 参与合同审核，财务 BP 因此能在业务启动初期了解基本的合作信息，这相较于传统核算型财务已迈出了重要一步。但在业务洽谈阶段，关于商业模式的成熟度、投入产出比的数据支持及管理层的具体目标等关键信息，大多数财务 BP 往往并不清楚。他们只能在合同审核时才开始了解并追问这些信息，或者协助补充相关数据。然而，由于背负着业绩考核的压力，业务部门有时也被迫进行创新尝试。对于新的合作伙伴或合作模式，业务高管可能仅凭一个大致的想法就会推进工作。但财务 BP 则不同，如果他们自身对某个合同的潜在风险没有充分的把握，是不会轻易审核通过的。单独设有财务 BP 岗位的通常是集团化企业或"大厂"，从事财务 BP 工作的财务人员相对年轻，由于经验和判断力的限制，往往无法自主决策。在与业务高管沟通时，他们需要格外谨慎，有时甚至不得不求助于更高层级的财务高管来推动事情进展。一旦因为犹豫而延迟了审核进度,他们还可能会被业务部门投诉效率低下并影响工作开展。因此,尽管这个岗位看起来风光无限,实际上却很难做好。稍有不慎,就可能沦为"背锅侠"。

第三节　HR 的困境：高标招人，低配任务

无论是作为求职者还是招聘者,笔者都深切体会到财务人寻找一份心仪工作的艰辛。当前,求职市场对财务人的要求极为严苛,企业招聘门槛居高不下。任职要求中,通常都会明确规定候选人需具备四大会计师事务所背景、首次公开募股（IPO）经验,或持有注册会计师（CPA）等专业资质证书。在浏览一些岗位职责时,笔者发现自己虽能胜任工作内容,但若某项硬性条件不符,HR 往往连简历都不会看一眼便直接拒绝。这不禁让人疑惑：那些同时拥有"四大"背景、IPO 经验及 CPA 证书的杰出人才,企业是否能给予他们相匹配的薪资待遇？而这些人才又是否真的能承担企业的工作内容,满足企业的实际需求呢？

一、企业招人的唯一法则：人岗适配

对于企业而言,寻找一个合适的人才远比单纯追求一个厉害的角色更为关键。

暂且将专业能力搁置一旁,会计政策与税务法规日新月异,即便通过了 CPA 考试,也并不意味着其账目处理就一定出色,或者管理能力就必然卓越。更为重要的是,这个人是否具备持续学习的能力和全面的综合素质。关于

IPO 经验，实际上，企业上市过程中往往需要第三方辅导机构的协助。只要财务人员业务逻辑清晰，专业知识扎实，那么任何人都能够应对这一挑战，何必非得强求对方拥有 IPO 经验呢？

如果企业在招聘时不注重人岗匹配，就像让一个能力卓越的人去从事简单工作，薪资待遇却与一般岗位无异，这对用人单位和求职者双方都是一种资源浪费。因此，也就不难理解为何企业难以留住优秀人才了。

为了有效解决这一难题，企业应当积极调整人才管理策略，尤其是针对那些怀揣职业理想与追求的年轻财务人员。一方面，企业可以为他们提供丰富的轮岗机会，使其能够在不同的财务岗位上进行实践与锻炼，拓宽自身视野并积累多元化的工作经验；另一方面，鉴于当前财务岗位日益细分化的趋势，局限于单一领域显然不利于财务人员的全面发展与职业成长。因此，企业还应系统提供多样化的职业培训项目，助力财务人员不断更新知识体系，提升专业技能。随着财务角色逐步向高端领域迈进，企业对财务人员的要求也不应局限于卓越的账务处理能力，更应注重其管理和沟通协调的能力素养。

此外，在整个财务团队的运行体系中，一位具备卓越管理能力与团队培养能力的财务高管起着举足轻重的作用。正如俗语所说："一将无能，累死三军。"这位财务高管应当积极发挥引领与示范作用，主动引导年轻财务人员成长，通过言传身教传授宝贵的实践经验与专业知识，并给予他们参与复杂项目的机会，让他们在实践中锤炼能力、积累经验，而非仅仅局限于命令式的工作任务分配或沉溺于琐碎的日常事务处理。如此这般，既有助于全面提升整个财务团队的专业素质与综合竞争力，又能显著增强员工的成就感与归属感，进而有力地促使他们愿意与企业建立长期稳定的合作关系，共同发展。

二、如何选拔并管理财务人员

财务部门人才梯队的构建，首要任务是明确具体的工作内容与流程，并确定何种组织架构能够高效地完成这些工作。之后，关键是要界定合适的候选人标准——重在"合适"而非单纯追求"优秀"。对于简单基础、重复性高但又必要的岗位，可倾向于选择学历普通却认真负责的人员，而非那些简历出众却眼高手低者。这种人员配置方式，对企业而言招聘成本并不高。针对具有一定专业度的岗位，本科科班出身且持有中级职称的候选人即可胜任，无须过分依赖CPA证书。而对于财务高层管理职位，如财务经理和总监，则更应关注其软性实力，避免过多硬性条件限制，以免错失合适人选。至于阶段性复杂业务，如IPO、转让定价、兼并重组等专业性项目，企业可直接借助第三方咨询服务机构的力量，此类偶然性业务无须专门招聘全职人员来处理。

招聘到合适的人才只是第一步，如何有效管理这些人才则更为关键。一旦组织架构搭建完成且人员已到位，下一步则需依据企业实际情况进行合理分工，并梳理相应的工作流程。对于基础岗位，可制定标准化作业流程，确保员工能精准执行。对于有潜力的人才，企业应及时给予发展机会，助力其快速提升综合能力。同时，企业应设定合理的晋升通道，避免员工长期原地踏步而产生职业倦怠。通过不断委以重任，让优秀人才与企业共同成长；而保持基础岗位的适度流动性，既能降低人力成本，又能通过定期换血维持组织的活力与创新力。

那么，财务人员个体应如何在企业环境中实现自我成长与突破呢？对于各位财务同人，建议有意识地提升自己的思维、眼界和格局。这六个字正是拉开人与人之间差距的关键所在。在开展财务相关课程培训时，笔者发现，学员都十分注重实务工作方面的案例分享，却鲜有人能静下心来聆听如何提升思维、沉淀工作方法。实际上，思维和方法犹如基石，是应对各项工作难题的根本。在后续章节中，笔者会从各个岗位以及每一项具体工作入手，分享如何思考、动脑，进而在具体工作的执行过程中，一步步地提升自身的各项能力。

第二章

管理思维的锻炼

在职场中，大多数培训往往侧重于具体执行层面，旨在帮助新员工迅速融入工作角色。企业通常将有限的资源和精力集中在培养员工的实务工作技能上，而较少关注其思维和综合素质的提升。基础工作大多依赖个人经验和熟练程度，而高阶管理岗位则必须依靠思维和综合素质的进阶。尽管财务人的起点可能是出纳或会计等基层岗位，但这并不意味着不能在这些平凡的岗位上锻炼管理能力和提升职业技能。任何工作，只要重复三次以上，都存在优化的空间。管理并非想象中的那般复杂，其精髓在于复杂问题简单化，简单问题标准化，然后通过流程化或者信息化手段提升工作效率，从而降低企业运营管理成本。本章将基于每一个基层岗位介绍如何提升管理思维。

第一节　你才是出纳，我这叫资金管理

在大多数财务人看来，出纳因不直接接触账务，而被认为不如会计岗位高级。市场上，出纳岗位的薪资也往往低得惊人。然而，在笔者看来，出纳其实是一个充满趣味且至关重要的业务型岗位。

一、第一手业务资料的"掌控者"

在实际工作中，许多企业的出纳岗位被局限在简单的资金收付和流水记录等基础操作。出纳只能按照既定的流程和规范，机械地完成工作。长期受限于文职化工作模式，出纳晋升的空间相对狭窄，容易对自身职业发展前景感到悲观，进而削弱工作积极性与主动性。出纳岗位也因此稳定性较差，经常出现人员频繁更替的情况。

但是，作为业务前沿岗位，出纳天然具备获取第一手业务资料的优势，本应成为快速学习与了解业务的关键角色。出纳工作涉及企业资金收支的全过程，它犹如企业资金流转的"桥头堡"，是业务与财务数据交会的初始节点。每一笔款项的流动都与特定业务紧密相连。从采购付款到销售收款，从费用报销到资金调配，出纳在处理这些事务时，会接触到详细的业务合同、发票、收据等原始凭证。这些丰富的第一手资料，涵盖了业务流程、客户需求、市场动态等多方面信息，是深入了解企业业务全貌的宝贵资源库。

案例

在某家拥有广泛银行合作网络、融资规模高达 60 多亿元的集团化公司中，新调入的财务经理上任后，发现了一个长期未解决的银行余额异常问题。该问题已存在三年，账户余额竟为负数，这明显违背了会计准则和逻辑。分析后，新财务经理认识到，尽管公司与该银行之间存在授信额度，理论上可以解释为公司对银行的欠款，但即便如此，银行账户的余额也不应以负数形式呈现，同时也应该记录一笔短期借款。为了更深入地了解此问题，新财务经理开始向各方询问。但是，整个财务团队对具体业务都不了解，这无疑增加了账目调整的难度。后来，新财务经理了解到，这是一项资金池业务。

通过频繁向客户经理咨询关于资金池的相关问题，并自行深入研究，新财务经理最终理解了资金池业务的实质——这是一种集团化资金管理工具，由总公司设立池头账户，下属各子公司则分别设立子账户。在资金使用过程中，若子公司需要资金，则由总公司从池头账户拨至子公司子账户；当子公司有闲置资金时，需将其上交至总公司池头账户，以此确保各子公司账户余额始终为零。在资金调拨过程中，银行会协助公司进行利息核算，且母子公司之间的资金往来实质上构成借款关系。由于该借款利率相对较低，加之通过资金池进行资金往来调拨并不收取手续费，故而整个集团的资金使用成本得以有效降低。经过一个月的研究，新财务经理梳理出一套标准的核算手册，明确了会计科目的选择和分录编制方法。

在资金池业务开展的三年里，由于缺乏对业务实质的关注，因此大量应记单据未被准确记录，科目选择亦存在偏差，致使账目调整陷入困境。为此，新财务经理申请获取了开户以来所有银行回单及对账单，从开户首笔业务开始手工重写分录，并与既有分录进行对比，补充差异部分。经过两天的努力，新财务经理成功调整了银行余额，补记了未记录的往来账目，涉及资金调拨总额达十几亿元，并额外计入 1 000 余万元的财务费用。资金池业务的具体流程以及标准化的核算分录如图 2-1 所示。

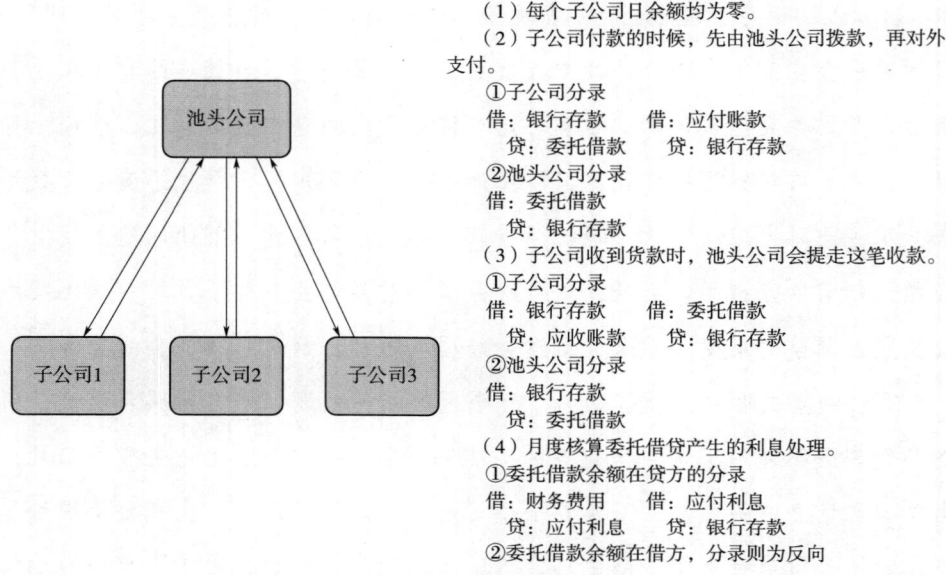

图 2-1 资金池业务流程示意图

通过以上案例，新财务经理之所以能够解决这个遗留问题，关键是其在充分熟悉业务的情况下，选择了合适的科目进行记账。如果不熟悉业务，即便会计能力再强，也无法准确完成账务处理。然而，在整个业务流转中，谁最有可能深入业务核心？答案无疑是出纳。自业务签约开始，直至每一笔回单、每一份对账单的接收，出纳都掌握第一手资料，且直接与客户经理对接，本应占据学习业务的绝佳位置，现实情况却令人惋惜。多数出纳对待回单漫不经心，对于签约时附带的业务产品说明书更是视而不见，仅将自己定位为简单的签字盖章员，不仅错失了宝贵的学习机会，还常抱怨工作乏味。

在笔者眼里，所有工作都是平等的，只要用心观察、深入思考，即便平凡的岗位也能创造出非凡的价值。下面从一些工作方法出发，阐述如何从出纳逐步成长为资金管理专家。

二、如何将出纳做成资金管理

出纳的工作确实包含一些基础性的事务，如单据制作与盖章、资料准备、银行业务处理及网银支付等。这些基本操作通常只需短期学习即可掌握，并不复杂。然而，过度投入时间于这些基础任务可能会分散精力，影响个人能力的提升。因此，在担任初级出纳期间，就应注重提高工作效率，以留出时间从事更具挑战性的事务。

1. 账户梳理，降低运营成本

对于担任出纳职务的财务人员，建议优先对银行账户展开全面梳理。可以整理一份详尽的银行账户清单，并深入了解每家银行所承担的具体业务。针对不再使用的银行账户，应及时予以注销；而对于功能重叠的账户，则应考虑整合以简化管理。这项工作不仅关键，而且有助于降低运营成本。因为即便是闲置的银行账户，也会产生不可忽视的维护开支。只要账户保持开放状态，无论其日常是否有活动记录，每季度末都需要编制利息收入凭证，年度审计时还需发送询证函。虽然这些任务看似微不足道，但确实消耗了出纳大量的时间和精力。此处展示一个银行账户清单的模板，见表2-1。

表2-1　银行账户清单模板（局部）

开户主体	开户行	银行账号	客户经理	联系方式	预留印鉴	业务范围
A公司	×银行××支行	1100×××	刘经理	①银行地址 ②客户经理电话	财务章+人名章 （具体名字）	①基本户 ②发工资 ③付业务款
B公司	×银行××支行	2100×××	张经理	①银行地址 ②客户经理电话	财务章+人名章 （具体名字）	①一般户 ②贷款

（1）合理规划开户银行

有效进行资金管理的基础在于清晰洞察企业的实际需求，并基于此对开户银行进行规划与布局。企业的运营涉及方方面面，从日常的生产经营活动到长远的战略发展规划，每一个环节都与资金的流动和使用息息相关。因此，企业需要全面深入地剖析自身的业务特点、经营模式及未来发展方向，以此来明确在不同阶段、不同场景下对资金的具体管理需求。包括但不限于考量是否在基础账户之外设立一般账户，是否设立多币种账户，以及针对多样化的业务模式，是否开设特定账户以承接各类资金管理需求。

管理层在选择开户银行时往往缺乏系统性考虑，决策依据多为朋友推荐或仅仅因为地理位置便利。这种做法可能导致企业开设了多个不必要的账户。每到季度末，为了帮助客户经理完成业绩指标，企业可能需要将部分资金临时转移至这些账户，这不仅增加了沟通和管理成本，还可能产生额外的手续费。尽管单次操作看似简单，累积起来却构成了不小的内耗。因此，出纳在整合和优化银行账户的过程中，实际上已经是在为企业降低运营成本了。

（2）慎重挑选合作银行

作为资金管理的重要一环，挑选银行也需要进行深入研究。开户银行作为企业资金往来的重要合作伙伴，其服务质量、金融产品种类、利率政策及风险管控能力等因素，都会对企业的资金运作产生深远影响。

在选择开户银行时，企业需要综合考虑多方面因素。首先，要评估银行的信誉和稳定性。一家具有良好信誉和稳定经营状况的银行，能够为企业提供可靠的资金安全保障，降低资金风险。其次，要关注银行提供的金融服务范围和专业水平。例如，一些大型综合性银行拥有丰富的金融产品线和专业的金融顾问团队，能够为企业提供多元化的融资渠道、个性化的理财方案以及专业的风险管理建议；而一些地方性银行则可能对当地市场具有更深入的了解和更灵活的服务政策，能够更好地满足企业在特定区域的业务需求。此外，利率政策也是企业选择开户银行时需要重点考虑的因素之一。不同的银行在不同的时期可能会推出不同的利率优惠活动，企业应根据自身的资金使用计划和成本控制要求，选择利率较为合理的银行进行合作，以降低资金使用成本。

表2-2总结了选择银行的关键考核维度，可以根据实际情况进行评估与选择。若条件允许，建议制定一份全面的银行遴选方案，以确保决策的科学性与前瞻性。值得注意的是，企业与银行之间的合作关系越紧密，企业方的谈判能力越强，能够为自己赢得的优惠条件与便捷服务就越多。

表2-2 选择银行的关键考核维度

考核维度	说明
信誉和稳定性	确保企业资金的安全，能够有效控制风险
客户经理服务水平	对业务了解并且反馈迅速的客户经理，在日常工作中会给企业带来很多帮助
网银使用是否便捷	网银的可操作性不仅影响出纳的工作效率，还会影响工作心情，便捷好用的网银非常重要
账户使用费	手续费、管理费等收取标准是否有优惠或减免
融资产品及费用	融资产品种类是否丰富（如贷款、票据贴现等），可获批的授信额度水平，以及费用是否合理
集团资金管理工具	是否有集团化资金管理工具，比如资金池、集团网银等
理财工具及收益	是否有丰富的理财产品，风险及收益如何
银企直连服务	是否支持银企直连，开发成本及对接难度如何
其他服务	各项业务办理时效、响应速度等

2. 运用工具，提升工作效率

选定银行后，日常付款这一看似简单却至关重要的环节便可交由系统处理。作为企业与银行间的关键纽带，出纳凭借独特的桥梁优势，可以与银行轻松对接，及时解决支付过程中的各类问题，为企业甄选最优支付解决方案，诸如推动银企直连系统的落地实施。诸多管理层出于人力成本考量，偏好人工操作而非系统自动化。然而，人为操作难免失误，尤其是付款错误，其后续处理不仅烦琐且令人头疼。鉴于银行账号数字繁多，多记或少记一个零的情况屡见不鲜，若付款流程依赖出纳手动复制粘贴银行信息，稍有不慎便可能导致支付失败。而银企直连能直接从业务单据中提取支付信息并传输至网银端，出纳仅需进行简要复核，既提升了效率，又确保了准确性。当前，主流财务系统均已充分支持银企直连功能。因此，条件允许的企业应尽早采用此配置，以优化资金管理流程。

银企直连的直接成本主要是银行开发成本，每新增一家银行，就需相应增加一份费用，这也正是强调开户行规划和银行选择的重要性的原因所在。例如，若企业仅与一家银行合作，那么配置银企直连可能仅需五万元。然而，若合作银行数量增至八家，开发成本则可能飙升至原费用的八倍甚至更高。

除了银企直连系统，对于具备条件的企业，出纳还可推荐并部署更高效的直连付款系统，例如跨银行现金管理平台（CBS）。CBS系统不仅能实现资金的集中化管理，确保每一笔收支都在严格监控之下，还能由出纳根据企业实际需求定制专属资金报表，帮助管理层实时掌握资金流向，提升决策效率。尽管CBS的开发和维护成本较高，但其带来的高效支付、智能风控和可视化管理等优势，往往能让企业获得远超投入的长期回报。

在这个过程中，出纳不仅是系统的操作者，更是企业资金管理优化的关键推动者——通过精准匹配企业需求与银行资源，为企业打造安全、灵活、智能的资金管理体系。

3. 关注资金流水，做好资金规划

通过有效运用工具，提高了工作效率，出纳便能留出更多时间专注于资金流水的监控与管理。这要求出纳有意识地对资金动态进行归纳与总结，以深化对业务的理解与掌控。

出纳作为企业开户行的管理者，是所有交易进出账的把关人。无论是款项的支出，还是资金的到账，出纳都能第一时间掌握情况。因此，在笔者看来，出纳更偏向于业务类岗位，而非纯粹的文职角色。在企业运营中，出纳需熟知月度固定付款项目、金额及支付时间，同时把握企业的收入到账节奏，以及未来的大额进账情况。即便无他人告知，出纳也能依据数月的收付款概况，形成基础而准确的判断。常言道，现金流是企业的血液。利润虽重要，但企业生存与发展的关键在于资金的流动。若企业账户资金不足，即便资产雄厚，也可能瞬间陷入危机。在进行项目分析时，笔者发现，管理层更关注资金的来源与去向，以及资金是否能有效运转，而非单纯追求利润或投资回报率。因此，对于有志成为资金管理专家的出纳来说，时刻关注资金动向、合理规划资金使用是至关重要的。这不仅是职责所在，更是提升自我、为企业贡献价值的关键路径。

资金管理，涉及进账与出账两大核心环节，二者的管理思路颇为相似。进账资金大致可分为三类：业务收入、股东投资及负债融资。在此，仅对收入端进行阐述。

（1）把握收入的节奏

要有效管理业务收入，就需深入理解业务本质，把握收入的节奏与特性。

案例

某电商的自营渠道遵循着一套固定的结算周期：2月的收入通常需至3月方能完成结算。财务团队在与平台对账无误并开具发票后，平台将启动其内部流程，待流程全面结束后才能打款到账。尽管对账与开票的具体工作由会计人员负责，但出纳亦需时刻保持对资金到账情况的高度关注。若预计25日应到账的款项出现延迟，出纳需立即向上级汇报，并主动追踪原因。因为一旦错过这次结算窗口，2月的收入便需推迟至4月才能结算。面对动辄数百万元，甚至数千万元的大额资金，在对方账上无端搁置一月，无疑是一种极大的资源浪费。

本案例凸显了出纳在业务收入管理中的不可替代性：其职责已从传统资金收付延伸至资金时效管控与风险预警。尽管会计负责核算与催收，但出纳对到账节点的精准监控、对延迟问题的快速响应，直接决定企业能否高效利用资金。尤其在大额结算场景中，出纳通过预判窗口期、压缩滞留时间，实质上减少了资源浪费，成为保障收入节奏的核心环节。

（2）关注收入的类型

在精通具体业务的收入节奏、到账时间及大致金额的同时，出纳还需密切关注业务收入的类型。随着企业规模的扩大，其收入来源必然呈现多元化趋势。即便同为一种业务，也会涵盖不同渠道的收入。通过对每一笔小额收入的剖析，出纳可以洞察企业业务的整体概况，比如各销售渠道的份额占比。面对同样的业务，为何A能月入百万元，B却只能达到数十万元？这背后是战略规划的差异，还是业务模式的不同？如果A的收入表现突出，企业是否会考虑在未来加大与其的合作力度？此外，有些渠道的收入可能微乎其微，甚至一个季度才能有少量进账。那么，企业为何还要继续维持这些业务？这些渠道是否仍具有盈利潜力？看似高深的财务分析，实则不过是透过冰冷的数字解读出背后的故事。而出纳，在拿到回单的那一刻便已掌握了核心数据，进行分析并非难事。他们同样能够通过这些数据，为企业的战略决策提供有价值的见解。

（3）重视收入的用途

关于资本金的投入及融资借款的到账情况，出纳需要重点关注资金进账后的具体用途。企业历经周折融到资金，若不能及时合理地运用，而是任其闲置在账上仅获取微薄的活期利息，这无疑是一种极大的资源浪费。在办理借款业务时，出纳应及时与客户经理明确具体的放款日期，并与财务总监共同做好资金规划。例如，在安排支付货款时，要清晰确定付款对象是哪些供应商，以及每家供应商对应的付款金额分别是多少；同样，在还款环节，也要明确知晓哪一天还款，以及何时能够将足额的资金存入银行以满足还款需求。要想实现上述资金管理的精细化，就必须提前做好全面且合理的资金使用规划，这就要求出纳的脑海中时刻有清晰的资金账目。

业务收入及投资和融资的资金变动情况，在现金流量表中分别对应经营活动的现金流、投资活动的现金流及筹资活动的现金流。其实，出纳根据自身日常记录的进出账信息，完全有能力自行编制现金流量表，而且所编制的内容或许比会计直接指定的更为精准。不过，若要进行深入的分析和处理相关工作，出纳还需要学会熟练运用专业的系统和工具，仅凭大脑记忆是难以满足工作需求的。

4. 提高资金的使用效率

在现代企业资金管理体系中，出纳需要从基础的资金收付执行者蜕变为企业价值创造的关键参与者。其核心价值体现在通过专业化的资金运作，构建起企业资金管理的"智慧中枢"——不仅要确保资金链的安全稳定，更要通过精准的资金调度实现价值倍增。具体而言，出纳需要建立实时动态的资金监控机制，运用智能化工具追踪每一笔资金的流向与使用效益。同时，优化资金支付节奏，通过错峰支付、期限匹配等方式提升资金周转效率，从而协助企业在激烈的市场竞争中实现资源的高效配置与利益的最大化。

假设某企业在某个月需要使用2 000万元的资金，存在两种不同的操作方式：一种方式是直接筹集2 000万元，并将其闲置在账户中，根据实际需求逐步支出；而另一种更为高效的做法，则是保持账户中有200万元的流动资金，通过一个月内多次周转来满足总计2 000万元的需求。显然，后者对于资金的利用更加高效，成本也更低。这意味着账户中不会有任何"闲置"资金——当企业需要500万元时，正好有500万元到账并立即投入使用，既避免了因资金短缺而寻求外部融资的情况，也防止了长期将资金置于低息活期账户导致的资源浪费。当然，要达到这种理想的资金管理状态，不仅考验出纳的专业素养与资金运作水平，也对企业的往来管理能力和预算控制提出了极高的要求。

（1）往来管理能力

若缺乏有效的往来管理，企业可能面临供应商催款的压力，导致资金被大量用于支付供应商账款，而客户端的资金迟迟无法回笼，积压在应收账款中。这种情况下，尽管企业在资产负债表上显示出庞大的资产规模，实际流动性却极差，财务部门常常陷入资金紧张、捉襟见肘的困境。因此，加强往来的管理至关重要，其核心在于确保企业能够及时收回应收款项，并在有足够资金时按时支付应付账款。

在这个过程中，出纳发挥着至关重要的资金枢纽作用，可以通过主动对接供应商的付款计划和客户的回款安排，构建完整的资金流动全景图。基于这些关键信息，出纳还可以运用专业分析工具，编制多维度的现金流预测报表。这不仅为管理层提供了可靠的决策依据，更能通过设置资金预警阈值，在潜在风险出现前发出警示。这种前瞻性的资金管理方式，使企业能够提前调整资金策略，在复杂多变的市场环境中始终掌握主动权。

（2）预算管理能力

除了往来管理，企业还需要具备强有力的预算管理能力。这意味着在预算编制过程中，出纳必须根据企业的预算配置制订精确的收支计划，预判资金需求，并提前识别潜在的资金缺口，特别是对于大额支出和固定费用（如每季度的融资利息、每月的房租和员工薪资等），都需要提前做好详细的预算安排，以确保有足够的资金来应对这些支出。

如果企业手头的资金较为充裕，那么也不应让这些资金闲置在低息的活期账户中，从而造成浪费。对于小额闲置资金，可以尝试进行一些灵活的理财产品投资，选择那些便于周转且能保持一定流动性的产品；而对于大额资金，则可以考虑投资一些有潜力的项目，或者用于系统建设等长期投资，以提升员工的办公效率和企业的整体竞争力。

上述这些管理措施涉及的细节比较繁杂，后续会进行更为详尽的探讨。对于出纳而言，若能扎实做好这些基础管理工作，实则已然实现了能力的显著提升。如此看来，还会有人轻视出纳这一岗位，认为它微不足道吗？

第二节　费控管理可不只是审核报销

在众多会计岗位中，费用会计无疑是与企业日常运营联系最为紧密的角色之一。作为企业报销审核流程中的关键一环，费用会计不仅承担着繁重的工作，还承受着巨大的心理压力。

作为费用会计，若要提升工作效率，可在新入职员工培训之际，向业务同事详尽阐述费用报销要求，以减少因发票抬头错误等细微问题导致的反复沟通。为实施有效培训，费用会计需归纳总结关键要点，并用业务同事易于理解的语言进行传达，避免一味使用专业术语。毕竟，术业有专攻，要使非财务人员领会财务要求，就得掌握"翻译"技巧。优秀的费用会计，必须具备出色的沟通能力，这不仅关乎财务部门内部，更涉及跨部门协作。若各部门都满口专业词汇，交流便如鸡同鸭讲，难以达成有效沟通。

在确保基础工作顺利完成的前提下，费用会计还可以从哪些方面着手，以提升工作成果，实现从简单的报销审核向费用管理的进阶呢？

一、简化核算，突出重点

在账务处理时，费用会计应学会在成本效益与重要性之间做出权衡。对于那些费力不讨好、对管理决策影响甚微的工作，应勇于改革或舍弃。如何记账在实务工作中大有学问，这源于财务领域存在一个概念——会计判断。判断并无唯一标准，只要逻辑合理、能真实反映业务情况，即为正确。

例如，在处理报销记账时，费用会计需根据企业管理要求，从多个维度对数据进行归集。若要将费用精确到每位员工，会计需为每人分别编制分录。试想，如果某部门有10位员工，每人产生两种不同类型的费用报销，则仅这一张凭证便需记录20行数据。然而，这种烦琐的记账方式真能为财务数据分析带来助益吗？张三的五元交通费与李四的四元相比，这样的细微差异对管理层而言，又有何显著意义？但是，若按部门或小组归集费用，或许仅需两三行即可完成记账。哪种方式更高效？不言而喻。

二、从传统记账到费用管理

想要有效进行费用管理，首要任务是明确管理层对费用管理的具体需求，包括但不限于他们期望获取的报表类型及所需了解的信息细节。需求明确后，费用会计即可着手于基础操作层面，从明细科目的科学设置及核算维度的精准界定起步。当面临数据采集需求时，若某信息在A科目与B科目中均有体现，费用会计在查阅报表时便需跨越两个科目进行检索；或者，若A科目涵盖了多个不同的核算内容，则需依赖凭证摘要进行人工区分与采集。为改善此类状况，提升费用管理效能，费用会计应首先对科目体系及核算内容进行全面梳理，依据更为合理的原则，直接确立记账标准，并形成SOP。

具体而言，面对每一项业务，如何记账、选择何种科目、如何撰写摘要，均需通过制定标准化的核算手册来加以规范。在选择会计科目进行核算时，务必确保不交叉、不重复，力求每一个末级科目仅对应一个核算内容，便于后续的数据提取与分析。其他领域的标准化可能并不急于一时，但费用管理作为每家企业都会涉及的核心环节，应尽早厘清核算体系，实现标准化，并确保数据的一致性与前后口径的统一。

费用会计的工作虽起步于一张张费用凭证，却不应止步于简单地用合适科目准确记账。若实务工作中财务人员始终局限于思考使用何种科目及如何编制分录，便陷入了传统财务核算思维的桎梏，这仅仅是重复进行基础性的工作，属于"小财务"的范畴。例如，对企业的房屋租赁费记账时，费用会计都知道分录是借管理费用、贷银行存款。但笔者做这些工作时，不会仅关注于此，而会探究企业办公场地每平方米的租金价格，并对比周边写字楼价位，判断房租是高是低。同时，根据企业类型，会思考选址于海淀或朝阳、挤在中关村或国贸的考量因素。此外，还会关注企业的租赁面积、员工数量，以评估工位设计与规划的合理性，以及未来企业规划和新员工加入情况，进而思考后续是否扩租，就地扩租还是重新选址。或许有人觉得这些与财务无关，记凭证无须知晓这些信息。然而，这正是"大财务"格局的体现，也是财务高阶管理人员在进行费用管控和预算管理时，应当具备的全面看待问题的思维能力。

三、划分费用类型，聚焦管理

费用管理并非面面俱到、无所不管，也不是所有事务都能管控得住。因此，费用会计可将企业日常费用大致划分为固定和变动两大类，进而实现更精细的费用管理。

1. 固定费用管理

固定费用诸如房租、物业费、人员工资等，虽基数庞大但金额相对稳定，故而在日常管理中无须过度留意，除非涉及办公室换租或重大人员组织架构调整，才需特别关注。固定费用管理主要由出纳负责，在制订资金计划时，应确保每月资金充足，以应对支付需求。值得注意的是，为了加强内部控制和风险管理，许多企业会根据费用金额的大小设定不同层级的审批权限。例如，对于较小额度的支出，可能只需要部门经理级别的领导批准即可；而一旦达到某个特定金额阈值，则可能需要更高层级的领导——如副总裁甚至总裁来亲自审批。基于此情况，建议在区分固定费用与变动费用的基础上，对于那些每月必须支付且数额波动不大的费用类别，可以考虑给予一定的审批授权给相关责任人或者团队。这样不仅能够有效减轻高层领导的日常工作负担，还能提高决策效率。

2. 变动费用管理

在剔除固定费用后，剩余的变动部分才是费用会计需要着重关注的领域。尽管各企业都有自己的费用特点，基本的费用大类却相差无几，如交通费、差旅费、办公费等。作为费用会计，除了完成日常账务处理，还应进行深入的思考并进行延伸管理。从费用控制的角度出发，不仅要关注每一笔费用的合理性和合规性，更要跳出传统框架，以更广阔的视角来审视整个费用管理体系。常见的费用项目审核要点和延伸管理内容具体见表2-3。

表2-3 常见的费用审核要点和延伸管理内容

费用项目	明细科目	常见凭证附件	审核要点	延伸管理
差旅费	交通费	火车票需要有报销凭证；飞机票可以用发票，开企业抬头，备注写清订单信息，也可以用行程单，抬头为员工姓名；打车票可以用出租车票，也可以用打车软件开的发票，不过需要后附明细的行程单	从内控上，出差需要事前申请及行程规划。凭借行程规划，审核火车票和飞机票的起始地点，以及出发和返程日期是否与行程一致。打车票重点关注行程的合理性，比如去四川出差是否是四川的打车票，以及打车票是否连号等。使用网约车开票需要附行程单，以判断打车费用发生的合理性	分析员工出差的必要性，以及出差频率的合理性等。可进一步关注出差的实际效果，甚至可以要求员工提供出差报告，总结出差拜访客户的成果或解决的实际问题等

续表

费用项目	明细科目	常见凭证附件	审核要点	延伸管理
差旅费	住宿费	住宿增值税发票、住宿消费清单	住宿清单用于审核是否有员工个人消费行为,比如洗衣费、小冰箱物品使用费等,通常企业不会报销个人消费	—
	差旅津贴	可做无票支出	遵循企业津贴发放制度即可	—
业务招待费	礼品	业务招待申请、发票、礼品清单	业务招待费需要事前申请。在实务工作中,业务人员经常会通过打电话或者发信息申请,这种情况下,信息截图也可以作为审批附件。礼品赠送可根据制度判断是否需要行政统一采购,然后根据需要由业务部门领取登记	业务招待费发生的合理性和必要性主要依据业务部门领导的判断,费用会计可以从数据逻辑性方面进行审核提示,比如送礼的范围或者宴请的规格等
	宴请	业务招待申请、发票、招待客户清单、餐饮小票		
车辆使用费	油料费	加油卡充值收据、充值明细、对应发票	车辆使用费通常以月度为单位进行汇总报销,需要对应有司机的出车记录及里程登记,并配合相应的票据,审核费用发生的合理性	该费用通常是企业名下有车辆才会涉及。如果企业没有车辆却发生车辆使用费,则需要就具体事项分析费用的合理性
	路桥、停车费	对应的票据		
	维修费	维修清单、发票		
办公费	办公用品	采购申请、发票及清单、入库单、部门领用登记	如果是向固定供应商采购,需有采购合同	对后续领用的管理
	印刷费	印刷清单、发票、物料样品	—	—
	邮寄费	发票、邮寄明细	若为月结对账模式,需要与物流公司签署相关合同	邮寄费通常由行政部门统一对账后,在部门间进行费用分摊,费用会计可核查各部门是否签字确认,以及分摊规则有无问题
	通信费	协议、对账单、发票	重点对协议、合同的结算方式进行审核	—
	网络费	合同、发票		

续表

费用项目	明细科目	常见凭证附件	审核要点	延伸管理
会议费	场地费	场地租赁协议、发票	除了基础凭证，还需要会议议程、签到表、会议照片等资料	企业发生的会议，事先都会有会议安排和通知，以及会议具体执行的预算、费用明细统计等，除了审核合理性，还要核查预算的执行情况，可追加跟踪会议效果和评价，比如附会议纪要等
	住宿费	住宿发票、房间安排清单		
	交通费	费用清单、发票		
	餐费	发票		
	第三方服务费	服务协议、发票		
专业服务费	审计费	合同、发票	—	注意预算执行情况，常规费用每年应有预算规划
	咨询费			
房屋租赁费	—	付款通知单、发票	需要房屋租赁协议	
物业管理费	—	付款通知单、发票	有的有单独的服务合同，有的在房屋租赁协议里作为一项费用列示	—
水电费	—	发票、分割单、通知单或者明细使用单		
广告宣传费	—	合同、发票、广告样板或者宣传手册样板		可追加跟踪广告效果评价
人力资源费	员工福利费	发票、明细清单	节日福利费通常需要额外附福利计划，事前取得相关领导审批，发放福利需要有员工签收的登记表	重点关注预算执行的情况
	招聘软件费	支付截图（需有费用明细和服务内容）、发票	—	可根据当年的招聘计划评价合理性
	员工培训费	外聘老师的简介、培训协议、培训图片、发票、培训签到表		可追加跟踪培训效果的反馈

在此基础上，费用会计还应每月分部门、分费用类别对变动费用进行数据统计。即便管理层未提出此类管理要求，费用会计也应主动践行这一做法。通过深入分析各项费用支出的实际效益，了解各项费用背后的业务目的和预期效果，协助管理层识别出哪些费用投入带来了最大的回报，哪些则可能存在浪费或低效的问题，从而为资源优化配置提供有力依据。

四、制度建设，规范管理

费用管理的重要任务之一，就是报销制度的制定。尽管这项工作看似简单（网上有许多现成案例可供参考），实则极具挑战性。因为报销制度与人事考勤制度一样，关乎员工的切身利益，众口难调，无论制度如何设计，总有人持不满意见。为保障制度有效施行，首要原则是避免给执行人员带来诸多不便，费用会计可以根据实际工作经验和遇到的问题协助优化制度的制定，确保在实务工作中，制度简便易行，以提升工作效率与员工满意度。

案例

某公司报销制度以烦琐复杂为核心特点，不仅让内部员工在执行过程中困扰重重，而且成效甚微，可谓事倍功半。为推动业务人员及时提交报销流程，公司设立了一项"打折"条款：当月费用当月报销可全额支付，若推迟一个月报销，则按申请金额的 90% 支付，以此类推。然而，这一规定不仅无端增加了财务人员的工作量，对业务推进也毫无助益。业务人员总是以忙碌、出差、无暇提报流程等理由推脱，而真要扣款时，业务高管往往率先反对。曾有一位业务人员半年未报销，年底带着厚厚一叠单据来找财务。年底，财务工作本就繁忙，不仅要审核票据，还需计算折扣，且每月扣款不同，还得按照票据时间列出清单。结果，这位业务人员的报销竟耗费了一位费用会计一整天的时间。关键在于，即便完成了扣款，业务人员仍不满意，还跑来质问财务："部门领导都同意了，为什么还要扣款？财务这样规定不合理！难道业务就不干活了，整天蹲在办公室填报销单吗？"

制度设计的初衷本是提升报销效率，案例中的企业制定的报销制度却走向了反面——它以"管控"为核心，过度强调约束，而忽视了员工的实际体验，最终导致规则与业务需求严重脱节，业务与财务部门因此陷入对立：业务人员将报销视为"财务强加的烦琐流程"，而非企业整体运营的必要环节；财务部门则被迫充当"扣款执行者"，在矛盾中疲于应对。

事实上，一项制度的有效性，关键在于能否在效率与公平之间找到平衡，而非依赖复杂的条款或严厉的惩罚。如果规则脱离实际业务场景，哪怕逻辑再严密，最终也难免沦为纸上空谈，甚至引发更大的管理混乱。

五、优化审批流程，提高效率

多数企业对支出审批都非常严格，毕竟涉及资金流转。费用审核的审批流程作为费用管理的核心环节，也是企业稳健运营的关键保障。通过层层审核与批准，该流程能确保所有费用支出均符合企业财务政策与相关法规，维护财务秩序，防止资金滥用与浪费。同时，还能有效识别和防范潜在风险，如欺诈行为、预算超支等，从而保障企业资产安全。

然而，审批流程的设定需在效率与合规性之间寻求平衡。在确保合规的前提下，尽可能提升工作效率，减少不必要的延迟，确保资金能够及时支持企业的运营与发展。费用会计可以通过观察日常审批的执行情况，为审批流程的优化提供切实可行的建议。毕竟作为审批节点中最重要的一个环节，费用会计的意见反馈非常关键。

案例

　　某公司的财务部门尽管每月需要处理的凭证不过百余张，部门成员却常因繁重工作而加班，且频繁受到其他部门的诟病。仅费用报销一项，便有7位员工经手，包括多级审核及财务记账等环节。这种多人转手的处理方式，不仅降低了工作效率，还常因单据遗失而导致集体寻找，造成时间浪费。

　　针对案例中的情况，若由费用会计推动优化，应聚焦简化审核层级与明确权责边界：减少冗余审核节点，将常规支付授权下级处理，避免财务高管陷入细节；出纳仅按报销清单执行付款，无须重复核查原始凭证。通过压缩流程环节、建立标准化规则（如清单制），既能提升效率，又可降低单据遗失风险，最终实现流程优化。

六、结合内控，堵塞管理漏洞

　　笔者认为，在所有岗位中，费用会计最有趣，其能发掘企业管理中的许多隐藏问题。在报销审核时，费用会计经常发现，有人会按照标准顶格报销，比如600元/天的出差住宿标准，会专挑599元/天的酒店；有人熟知企业审核标准，为避免金额过大需高层审批而拆单报销；也有人在出差期间向出租司机多要发票，并将连号发票分配在不同的报销单进行报销等。总之，费用审核状况百出，这也使得费用会计工作颇具挑战性，若缺乏职业敏感度和一定的洞察力，很难胜任这一岗位。

　　因此，在财务管理的实践中，要将费用管理与内部审计工作紧密融合。特别是针对拆单报销这一潜在问题，若仅从单一报销单据视角出发，即便专业的财务人员也难以察觉异常。同时，不应将所有压力都集中于费用会计身上。费用会计主要负责对具体单据进行细致审核，以加速日常审批流程。与此同时，应充分利用内部审计资源，由内审人员定期实施费用抽查与统计分析。一旦发现员工报销存在不当之处，经深入调查核实后，可与人力资源部门协作，将此类违规行为记录于员工诚信档案中，进而影响其未来的晋升与绩效考核，以此形成有效威慑，从源头上遏制员工在报销过程中的投机取巧行为。此外，对于特殊费用及高管费用，内部审计更需保持高度警觉，持续监督。对于费用会计因职权所限而难以处理的事项，完全可借助内审力量来解决。

七、善用系统，提升服务质量

财务工作不能只盯着业务找问题，毕竟业务支出的本质是为了企业的运营与发展，没有收入来源，任何企业都难以维系。作为费用会计，需在"监管"与"服务"两大职能间寻求平衡。既然报销是每家企业都无法避免的环节，且许多工作往往从报销开始，那么优化整个报销流程，提升各环节的工作体验，便成了费用会计的一项重要职责。

1. 利用费控系统提升效率，加强管理

众所周知，财务系统需依赖凭证和单据，在精准记账后才能形成报表。而费控系统则在业务人员上传报销数据的瞬间，便能实时更新数据。传统报销方式需手工贴票、财务复核，耗时费力。相比之下，费控系统支持拍照上传单据，即便身处异地，业务人员也能迅速处理报销文件。同时，电子发票的普及也为在线报销带来了极大便利。重要的是，电子版凭证即为原件，打印版反而非原件。未来，电子会计档案无疑将成为主流。

更重要的是，费控系统能够从多个维度对费用进行统计与分析。相较于从财务系统中提取数据并出具报表，费控系统则更加灵活和便捷。前文提及，若在会计核算层面过于追求细致记账，费用会计往往会在产出效能低下且耗时费力的工作上浪费大量时间，同时出错概率也大大增加。通过费控系统出具相关费用统计报表，可直接在系统中设置报表模板，并根据需要尽可能细化核算维度，以满足管理层对数据的个性化需求。这样，在财务系统核算时，费用会计便可遵循方便清晰的原则，简化记账流程，从而提升工作效率。

2. 采取对公支付，解放业务双手

选择合适的系统并非易事，费用会计需开展大量调研，并深入了解自家企业的业务习惯与模式。若员工出差频繁，且费控系统仍要求员工填单提交，那么可考虑采用费用整体解决方案，通过对公支付的方式，为业务人员减负松绑。

例如，可选用商旅平台，将机票、火车票、打车费、酒店住宿费等常用费用通过平台对公结算，如此一来，业务人员无须自行报销，既省时又省力。同时，对公结算更为透明，员工钻空子的概率亦会降低。在选择商旅平台时，费用会计需考虑其资源覆盖面，如一、二线城市，三线城市甚至海外城市是否全面覆盖，是否支持打车功能等。此外，结算方式、票据类型及收费标准也是重要考量因素。对于现金流紧张的企业，可选择授信方式，先消费后付款，但需注意授信可能产生额外费用。

3. 利他即利己

无论选用费控系统还是采取对公结算，所有选择都需要先便利业务，才能方便财务，同时也应考虑企业的实际情况，要多角度全面地进行分析和考量。费用会计应转变观念，秉持"利他即利己"的原则。凡是业务抱怨的，就是对方的诉求所在。很多费用会计与业务部门形成对立关系，认为业务连简单报销都处理不好；而业务人员同样委屈，他们每日在外奔波，回到企业还要面对烦琐的报销流程。填写单据、粘贴发票，通常耗时一个多小时。这个时间若用于客户洽谈，或许能创造数百万元的收益。况且，业务出差频繁，每天疲惫不堪，还需操心发票的开具与整理。一旦发票丢失，报销便成难题，而且时间久了，还会遗忘费用细节，苦不堪言。

解决了业务的诉求，费用会计的工作效率将显著提升。同时，随着业务困境的解决，报销流程将变得更加快捷、手续更加简便，许多基础审核工作如金额核对、发票验真验重、费用科目归集与分摊等均可交由系统处理。如此一来，费用会计的工作重心便可转移至预算管理和费用管控上，实现业务与财务的协同。

从制度设计到流程优化，再到内控审计与信息化水平提升，费用会计可以做的工作很多。同时，结合预算管理，还能对费用支出的后续结果展开考核与评价。上述内容，正是当下财务 BP 岗位所承担的部分工作，关于财务 BP 的深入探讨，将在后续章节详细展开。在此，笔者想表达的一个观点是，高端财务管理岗位并非遥不可及，即便是普通的费用会计，也能延伸出如此多细致的管理工作；哪怕只是做好其中一个方面，也能实现能力的显著提升。

除费用会计外，应付会计与应收会计亦是与业务活动紧密相连的两个岗位。供应商与客户构成了企业业务链的上下游，应付会计主管采购与供应商事务，应收会计则负责销售与客户的管理。尽管二者核算对象各异，但管理思路大同小异。在实务工作中，财务常将二者统称为往来管理。这两个岗位日常工作交集颇多，需员工频繁沟通协作。许多财务 BP 的岗位职责，也是由这两个岗位延伸而来。接下来，笔者分别探讨如何在这两个岗位的日常工作中实现管理提升，以达到业财融合之效。

第三节　应付会计，管好了可以降本

很多应付会计通常只满足于记账准确、余额清晰，往往忽视了日常对账和账期管理的重要性，更别提为业务提供进一步的支持。对于应付会计而言，及时清理往来余额是往来管理中的一项重要任务。除此之外，应付会计还应关注供应商管理及存货管理，以便协助企业降本增效。

一、利用台账管理往来账款

往来账款的清理并不复杂。若没有系统辅助，应付会计应自行建立台账，对发票与资金的流转进行记录。此记录其实也反映了合同执行的状况。在实务工作中，很少有一手交钱一手交货的情形，多数合同会依据进度，分设一期款、二期款及尾款，并依次进行支付与开票。

以应付会计管理的采购合同为例，合同条款中每个付款节点都有相应的付款条件。明确付款条件并及时确认付款，不仅是为了按照权责发生制将成本及时结转进来，还是应付会计监督合同落地执行情况的重要手段。通过对比合同条款与实际情况，应付会计可以检查供应商是否按约定提供了合格的商品或服务，以及是否存在任何延误或违约行为。这种监督机制有助于维护企业的利益，防止因供应商的问题而导致成本增加或质量风险。表 2-4 是针对采购类型合同的应付账款管理台账模板，可根据需求自行调整。

表 2-4 采购合同应付账款管理台账模板

供应商名称	合同标题	总合同额	一期款	付款时间	二期款	付款时间	尾款	付款时间	一期款发票	二期款发票	尾款发票

例如，如果一家供应商提供的是服务，在业务提出付款申请时，应付会计即可通过验收单等业务单据，了解服务是否满足企业要求。此外，应付会计还能通过日常与业务的沟通，掌握这些服务的效果，并借助汇总数据为业务提供分析。或许有人会问，关注这些信息有什么用？要知道，供应商的业

务活动对应着财务账中的成本。所有企业都在倡导降本增效，而降本之前，首先要明确企业有哪些成本、哪些是必需的、哪些是临时的。倘若连成本情况都不清楚，又如何实现降本呢？

二、加强供应商管理与评价，以防范风险

往来账款的管理与资金运作虽紧密相连，但很多企业都有一种误解，认为尽可能延迟支付供应商货款，可以从现金流角度获取短期利益。这种观点实际忽略了供应链关系的长期稳定及企业信誉的重要性。因此，不能为追求现金流而将压力转嫁给上游供应商。毕竟，供应商同样面临现金流的压力。应付款项应及时支付，否则一旦供应商断供，生意将无法继续。同时，若客户拒绝结算，企业资金链断裂，便会陷入恶性循环。

1. 巧用商务谈判，为企业争取缓冲时间

虽然应付账款需及时支付，但企业可通过商务谈判争取缓冲时间，并根据自身现金周转需求，为上下游设定合理的账期及授信额。例如，客户端结算周期为30天，供应商端就可设为45天，利用15天的时间差作为缓冲，以确保资金流转顺畅。对于两端管理，除了时间约定，还可配合赊账额度的设定，实现双重约束。例如，若给予客户500万元的信用额度，同时要求供应商提供1 000万元的信用额度。具体的账期与信用额度谈判由商务人员操作，而应付会计则可通过数据测算，为商务人员提供谈判建议。

2. 利用系统加强供应商管理

鉴于供应商数量众多，仅依靠人工识别并不现实，还需结合系统将往来管理前置化，以降低风险。管理规范的企业通常设有专门的采购部门，当业务部门提出需求后，采购人员会依据业务需求及对市场的了解，通过招标方式选择合适的供应商。虽然此事由采购部门主导，但应付会计应该主动参与，从财务角度对供应商的价格、资质、交货时间、交货方式、付款条款及售后

服务等进行初步评价。同时，应付会计还可以通过供应商提供的财务报表，判断其经营状况，了解是否存在经营困难或资不抵债等情况。如有必要，对于重大项目的供应商，应付会计甚至可以配合采购部门进行深入调查，然后将供应商的基本情况录入系统，建立供应商管理档案。

3.建立供应商评价体系，提升供应商服务能力

除了日常的管理职责，应付会计还应该积极参与并协助采购部门建立起完善的供应商评价体系。这一体系旨在确保采购过程中，不仅能够获得优质的产品和服务，还能对供应商的表现进行全面、客观评估。这样一来，既可以避免企业在采购环节投入大量精力和资源后，却因为缺乏有效的后续管理而陷入被动局面；又可以促使供应商不断提升自身产品与服务质量，从而为企业创造更大的价值。

案例

某电商公司收到一家工厂发来的货物，出现了重量偏差、冷链温度未达标，以及食品中混入不明物体的问题。虽然所有损失最终由供应商承担，但此事件严重损害了电商公司的信誉。部分顾客甚至进行了投诉，并在网店评论区给出差评，导致店铺销量大幅下降。由于当时该公司缺乏对供应商的评价机制和惩罚措施，货款依然照常支付，供应商暂时未受到负面影响。然而，后续市场反馈导致其订单锐减，供应商最终也承受了经济损失。

供应商管理应注重日常化，确保其知晓评价体系及奖惩激励机制。评价维度可涵盖安全、质量、结算及时性，以及整改配合度等方面。对于表现卓越的供应商，可以缩短账期并确保及时付款；而对于表现欠佳的供应商，则可以适当延长账期并减少交易量。很多企业对供应商都是偏重选择而轻

视后续管理，前期投入大量人力、物力，员工专注于采购文书工作，如撰写立项申请、组织招标、开标评标、发布中选通知等，在合同签订后却对供应商缺乏持续关注。为优化供应商管理，必须构建完善的考评及后续管理体系。通过这样一套科学合理的评价机制，企业可以更好地筛选出符合自身需求的优秀供应商，并与之建立长期稳定的合作关系，共同推动业务发展。

三、动态评估与分析，调整服务成本策略

在当今复杂多变的市场环境中，企业并非静止不变，而是始终处于动态发展的状态。这种动态发展涵盖了企业运营的方方面面，其业务需求也在持续发生变化。面对企业业务需求的持续变化以及所需服务的多样性，应付会计的角色变得尤为重要。应付会计不再仅仅负责简单的账务处理和付款工作，而需要站在企业发展的战略高度，根据企业在不同阶段的服务需求，进行全面、深入的跟踪评价。这意味着应付会计要密切关注企业的业务动态，了解每个阶段业务发展的重点和方向，对服务的效果、质量进行持续评估。

以外包服务为例，为了保持竞争力，许多企业纷纷选择通过外包服务来降低人力成本。然而，企业在动态发展过程中，对于外包服务的需求并非一成不变，而是会随着业务阶段的不同而产生显著差异。这种差异不仅体现在外包服务的内容和范围上，更深刻地影响着外包服务的性价比和实际效果。

案例

某公司的业务人员频繁出差，导致报销工作量庞大，财务部门遂决定采用外包服务。他们聘请了两名外包人员，分别负责费用核算的审核与记账工

作。然而，经过评估，每月支付给外包机构的 2.7 万元服务费，足以招聘到两名专职财务人员，这使得财务经理对外包服务的性价比产生了质疑。更关键的是，财务工作的敏感性和保密性促使财务经理无法完全信任外包人员的工作，每份外包审核过的单据都需要再次由专职财务人员复核，从而造成了时间与成本的双重浪费。

事实上，考虑到财务工作的特殊性，相比外包，招聘专职员工或建设费控系统通过自动化处理报销单据，无疑是更经济、更有效的解决方案，不仅可以降低长期成本，还可以提高工作效率和数据安全性。

另外，外包服务的质量并不稳定。每当外包人员发生变动，新加入的成员都需要时间来适应团队并重新培训，这无疑增加了磨合成本。相比之下，培训内部员工不仅成本较低，而且专职员工队伍相对稳定，有利于保持工作的连续性和质量。对于外包人员，企业往往缺乏足够的动力和资源进行系统培训，尤其是考虑到某些外包团队的高流动性，频繁的人员更替更是常态。因此，在面临这种情况时，企业应及时评估外包策略的适用性。在业务启动初期或人才短缺时，外包可以作为快速补充人力的有效手段。一旦业务步入正轨，内部人才招聘到位，企业就应适时调整策略，逐步减少对外包服务的依赖，以确保工作的高效和稳定。

针对外包服务，评估工作可从供应商管理角度入手，采购人员和应付会计均可参与，共同从成本控制视角分析问题。应付会计可以在月度财务分析中单独对外包人力成本进行分析，并与外包管理负责人保持密切沟通，及时了解项目进展、未来合作意向等关键信息，以便敏锐捕捉任何变化与调整。这样，应付会计也可以对未来成本趋势形成较为准确的预判，为企业决策提供有力支持。

四、通过数据分析达到降本目的

应付会计能够通过对成本数据的统计分析,为采购部门提供数据支持与决策依据。面对降本需求,许多企业都会向供应商施压以降低采购价格,如将当年采购成本从 100 元压缩至次年的 98 元。然而,"一分价钱一分货"是市场的基本法则。过度挤压供应商利润空间,可能导致其在产品质量与服务上降低标准,进而引发下游客户的投诉。随之而来的客户维护及售后服务成本,将给企业带来更为沉重的负担。因此,正确的成本控制路径应聚焦于强化后续管理,以及秉持合作共赢的原则,与供应商共同探索降低成本的有效途径。

例如,应付会计可以通过金额和数量等数据,从供应商档案中甄别出重要的合作伙伴,将采购集中于少数几家供应商。深知会计之道的人都明白,对于企业而言,销量越高,变动成本虽呈线性增长,但固定成本分摊至每件产品上则会大幅降低。因此,企业能够通过集中采购,促使供应商降低成本,进而获得优惠空间。此外,企业不能仅从自身角度对供应商提出要求,毕竟供应商、企业与客户构成了价值链上的完整体系;企业完全可以从客户需求出发,与供应商携手,通过技术创新、设计优化等方式,助力供应商降低成本,同时满足客户需求。在此过程中,企业自身成本也能得到有效控制。面向客户,企业还能以优质产品和服务提升核心竞争力,扩大市场影响力,从而构建一个多方共赢的良性局面。

五、存货管理是一门高深的学问

应付会计的另一项关键职责是存货管理。关于存货周转率、安全库存等概念,财务相关的教科书都有,怎么计算也都很清晰,笔者不再赘述。下面笔者主要介绍存货管理的一些创新思路。

1. 应对紧急需求，优化存货管理

在企业运营管理的复杂体系中，库存管理作为其中至关重要的一环，绝非简单地、一味地去追求所谓的"零库存"理想状态。事实上，库存管理涉及众多相互关联且需要精细考量的因素，是一个需要综合权衡和科学决策的过程。在实务工作中，企业经常会面临客户的紧急需求这一特殊情况。客户的需求往往是多样化的且具有不确定性。例如，有时候客户可能会因为一些突发情况或者特殊原因，对产品提出紧急的采购要求。在这种情况下，如果企业仍然僵化地坚守所谓的"零库存"原则，可能会导致无法及时满足客户的订单，进而影响客户满意度和企业的市场声誉。

因此，为了应对客户的紧急需求，应付会计可以根据实际情况建议企业主动增加存货。这种主动增加存货的行为并非盲目冲动之举，而是基于对客户需求的快速响应和对企业整体利益的综合考量。

案例

某中间服务商长期与一家海外供应商合作，这家供应商以严格的产能和库存管理著称，坚持"先款后货"的原则，确保每一笔订单都在收到首付款后才排产。生产完成后，产品需经海运送达国内。虽然生产和运输的时间相对固定，但客户难以忍受漫长的等待。在一次紧急订单中，客户因急需货物，不惜额外支付 100 余万元将海运改为空运。作为中间服务商，该公司的应付会计深知这额外的成本最终会由客户承担。然而，若能通过优化存货管理，提前储备适量的货物，不仅能满足客户的紧急需求，还能为公司创造额外收益，实现双赢。因此，通过数据测算，应付会计建议公司转变业务模式，从单纯的"以销定采"向主动存货管理转变。他们在客户下订单前，根据市场预测和历史销售数据，提前采购并储备一定数量的货物。这样，当遇到急需货物的客户时，便能迅速响应，及时供货。通过这一策略调整，公司不仅满足了客户的紧急需求，还提高了自身的市场竞争力。

有时，增加库存并非简单的成本支出，而是企业主动选择的一种管理策略。在这种策略下，存货管理不再仅仅是追求零库存，而是寻求在整个供应链上达到一种平衡。案例中，应付会计经测算发现，虽然管理这些库存会产生10万元的成本，但通过紧急供货，企业向客户加价50万元，不仅弥补了库存成本，还额外赚取了40万元的利润。从整个价值链来看，客户省下了50万元的紧急空运费用，企业也实现了额外的盈利，真正达到了共赢的局面。

2. 灵活制定采购方案，应对需求变化

在企业日常运营中，采购部门常常会遇到一个典型的管理难题：基于销售预测采购的货物，由于市场需求突变或客户订单变更，而面临滞销风险。这种情况不仅造成资源错配，更会引发一系列连锁反应。

若应付会计可以在采购决策前端介入，通过历史采购数据分析、存货周转率测算和资金占用成本评估，建立采购预警机制，就能有效预防过度采购。比如，通过分析特定品类存货的周转周期，可以建议采购部门调整订购频次；通过计算资金占用成本，能够为采购数量设置财务红线。这种业财融合的事前管控，往往能避免后续80%的存货积压问题。

当积压已成事实，应付会计的角色就从预防者转变为问题解决者。积压的存货不仅影响企业的现金流，还持续产生仓储成本，甚至面临贬值风险。此时，应付会计需要快速启动应急响应：通过测算不同处置方案（如退货、促销或调拨）的财务影响，为决策提供数据支撑，推动跨部门协作，将财务评估转化为业务行动，并总结经验教训，优化采购审批流程，形成管理闭环，以尽可能减少这种突发状况对企业经营造成的不利影响。

案例

某天然气供应公司为了寻求新的增长点，开始尝试开展增值业务。销售人员认为，在提供日常居民供气服务的同时，销售燃气灶、热水器等相关产品似乎是一个颇具潜力的创收途径。设想中，这些产品不仅能满足客户的一站式购物需求，还能为公司带来额外的利润。现实却远非如此简单。尽管在采购这些产品时，所有人都充满了期待，实际销售情况却大打折扣。相关人员在例行盘库中发现，五年前囤积的相关产品仍然在仓库中，且成本占比最大。原来，此类产品的更新换代速度极快，仅仅五年时间，这些产品就已经严重过时，不仅难以按照原价销售，即便客户有需求，也往往不会选择这些过时的型号。

针对案例中的情况，应付会计应该与业务部门紧密合作，在采购前就深入探讨售卖模式。例如，可以考虑与相关供应商建立代理合作关系，以佣金形式赚取收益，从而避免直接采购带来的存货压力。但是，当时的决策并未考虑到这一点。既然木已成舟，面对这些滞销产品，应付会计应该积极介入，与业务部门共同探讨解决方案。例如，可以将部分产品作为赠品搭售，以吸引新客户或重要的合作伙伴。这样既能减少库存压力，又能在一定程度上提升企业的品牌形象和市场份额。

3. 根据产品特性，精准管理

库存管理作为企业运营中的关键环节，不仅涉及数量的把控、存储条件的优化以及周转效率的提升，还必须深入考量产品本身所独具的特点。

例如，对于食品这类有着保质期限的产品，库存管理的难度无疑增加了许多。销售部门在下单时，必须精准预估销售量，因为过多采购很可能导致大量食品在保质期内无法售出，最终只能被无奈处理，这无疑是一种资源的极大浪费，同时也会给企业带来经济上的损失。因此，应付会计需依赖数据测算，配合采购部门制定更为严密的库存监控策略，确保每一批次的食品都能在保质期内得到合理的流转和销售。依据食品的特性、销售速度以及保质期的长短，来合理安排库存的存放位置和出货顺序，尽可能让先入库的食品先被销售出去，遵循"先进先出"的原则，以保障食品的质量安全，同时减少因过期而导致的损耗。

六、做好预测，优化价值链

对供应商产能与客户需求的预测，虽由采购部门与销售部门主导，但应付会计也可以和应收会计一起，通过数据统计和分析，为这两大业务板块提供合理的建议。实际上，预测工作并非难事。只需清晰了解客户与供应商的业务流程，结合历史数据，构建一个需求模型。这对于专业的财务人员而言，并不烦琐。

要实现卓越的管理，绝非易事，需要各部门携手并进，共同努力。在此过程中，财务部门发挥着桥梁作用，尤其是应付会计与应收会计，他们能够有效联动采购与销售部门，在企业内部构建起一条价值链：从采购到往来会计，再到销售。财务部门应站在价值链的视角，通过深化业务部门间的沟通与合作，并结合预算数据，测算出最优方案，从而有效降低企业的整体运营成本，推动企业价值最大化。

第四节　应收会计，潜在的建模大师

应收会计不仅是财务数据的记录者和守护者，更是企业与客户之间财务往来的关键枢纽。从日常工作内容来看，应收会计主要负责企业应收账款的核算、管理与催收等工作。这种工作性质，使得他们天然地处于业务与财务的交汇点上。

一、应收会计是业财结合的"天选之人"

在业务流程方面，应收会计需要深入了解企业的销售业务模式，要清楚知道企业是如何与客户达成销售协议的，包括销售合同的具体条款、信用政策的运用等。例如，对于一些提供赊销业务的企业，应收会计必须准确把握客户的信用期限、信用额度等关键信息，这些信息既涉及业务层面的客户拓展与维护，又紧密关联着财务层面的资金回笼与风险控制。通过深入了解销售业务的细节，应收会计能够更好地预测应收账款的回收情况，为企业的资金安排提供有力的支持。

在财务核算方面，应收会计除了准确记录每一笔应收账款，还需要定期对应收账款进行账龄分析、坏账准备计提等工作。这些工作不仅涉及财务数据的分析与处理，更需要对企业的业务实际情况进行深入了解。例如，在评估一笔应收账款是否存在坏账风险时，应收会计需要考虑客户的经营状况、行业环境及历史交易记录等多方面因素，这无疑需要将财务专业知识与业务实际情况紧密结合起来。

当发现某个客户出现逾期付款的情况时，应收会计可以与销售部门沟通，了解该客户近期的业务发展情况，判断其是暂时的资金周转困难还是存在恶意拖欠的意图。如果是前者，应收会计可以与客户协商制订合理的还款计划；如果是后者，则可能需要采取更加强硬的催收措施。通过这种跨部门的协作，应收会计能够更有针对性地开展催收工作，提高应收账款的回收率。

案例

针对电商业务，某公司合作的平台均为行业巨头和重要客户，但仍遭遇了几千万元货款无法收回的困境。面对如此严重的违约行为，应收会计建议采取法律手段进行催收，并考虑终止合作关系。然而，业务部门为了在账面上创造营收，即便明知回款无望，仍选择继续与这些客户合作。与此同时，供应商方面不断催促支付货款，否则便停止供货，这导致公司陷入了恶性循环，现金流状况极为紧张。为维持日常运营，公司不得不向总部借款，账上资金一度仅剩四位数。

案例中的业务部门无视应收会计的预警，为完成短期营收目标，忽视回款风险，甚至牺牲了企业的长期财务健康。营收不等于利润，签单不等于回款，若业务活动脱离现金流支撑，且缺乏风险管控，表面繁荣的背后往往是更深的财务危机。

由于应收会计和销售的联系最为紧密，也是最先了解业务动态的一个岗位，想要成为高段位的应收会计，就需要学会财务建模。

二、应收会计如何搭建财务模型

很多人对财务模型存在错误的认知，认为模型搭建很复杂，甚至认为只有懂编程和算法的人才能做这项工作。其实，财务模型只是一个工具，目的是通过对企业的各种数据及信息进行汇总、整合后，以报表或逻辑公式的形式全面反映企业的经营情况，进而对未来经营起到预测、分析和评价的作用。作为财务人员，应收会计只要逻辑清晰，会四则运算，能够熟练使用Excel，都可以成为建模大师。

（一）以利润中心为导向的模型搭建法

财务模型搭建是业财结合的一种具体体现。笔者经历过从零开始完整构建模型的过程，因此对此有深刻的理解。下面笔者以电商业务为背景，详细介绍如何搭建企业的利润模型。

1. 了解业务

模型搭建的第一步，是要充分与业务渗透，并将业务逻辑转化为财务语言。具体可以从收入、成本、费用三个方面入手。了解业务过程中，需要深度思考的问题如图2-2所示。

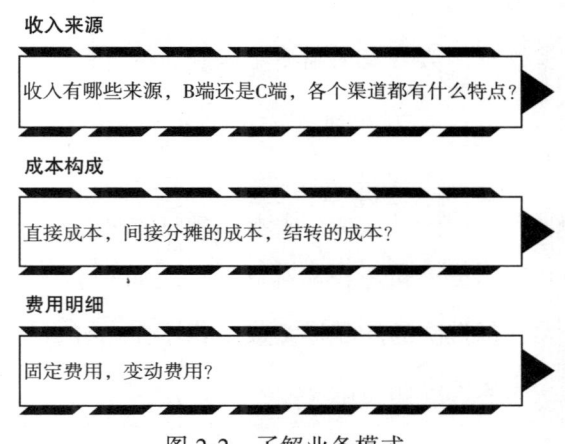

收入来源
收入有哪些来源，B端还是C端，各个渠道都有什么特点？

成本构成
直接成本，间接分摊的成本，结转的成本？

费用明细
固定费用，变动费用？

图 2-2 了解业务模式

（1）收入

关于收入，应收会计首先要做的就是明确业务模式，了解收入是如何形成的，以及不同业务模式下有什么优势和风险，这项工作也可以借助SWOT分析等工具来完成。

案例

某电商公司的业务模式主要是同各大电商平台进行合作，具体合作模式分两种。一种是To B模式，即公司直接将产品销售给平台，比如某平台自营。公司无须承担运营风险，也没有库存方面的压力。产品能否成功售出以及销售情况的好坏，都不必过多担忧。因此，与该平台合作的最大优势在于省心省力，并且业务开展相对稳定。然而，这种模式也存在一定局限性。由于公司不直接参与运营，销售数量完全取决于平台的安排和指示，因此公司在销售端的把控能力十分有限。同时，这种合作模式下的毛利空间相对较小，使得公司在合作中相对被动。另一种是 To C 模式，即公司只是借助合作方的平台和流量，自主运营店铺。因此，店铺日常运营的成本、库存周转的管理成为关键因素，但优势是能够自主掌握毛利空间，而且 C 端消费数据会直接成为公司的数据资源，为后续的消费分析提供依据。

（2）成本

关于成本，无论是 B 端还是 C 端，成本都相对清晰，就是产品本身的成本，只不过在 C 端模式下需要着重考虑库存问题。例如，生鲜产品保质期很短，而且价格波动较大，每批次的产品进货成本都不太一样，所以需要选择合适的成本核算方式，比如先进先出法。

（3）费用

关于费用，可以延续费用管理的思路，将其划分为固定费用和变动费用。除了对费用做这样的划分，笔者建议重点关注与销售密切相关的费用类目，比如在电商业务里，物流费和营销费就是最关键的两大类费用。关于物流费，物流部门和财务部门需要协作，进行市场调研与财务测算，比如运输频率、运输方式等。合理的测算可以协助物流部门找出最经济的送货方案。关于营销费，重点关注的是投入产出比，不能只是花钱了而没有人追踪花钱的效果，比如引来多少流量、形成多少转化等。

2. 梳理业务流程

充分沟通了解业务模式后，第二步要做的就是明确业务流程，形成 SOP，并达成一个闭环。这项工作可以 To B 业务为例，通过流程图（如图 2-3 所示）的方式来展现。

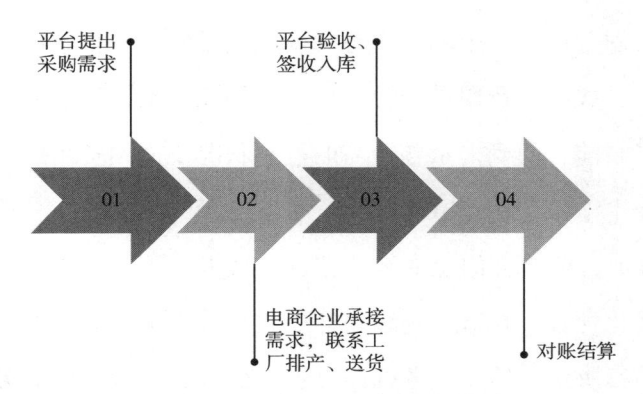

图 2-3 To B 模式下电商业务流程图

流程：01 平台提出采购需求 → 02 电商企业承接需求，联系工厂排产、送货 → 03 平台验收、签收入库 → 04 对账结算

3. 调研管理需求

在深入理解了企业的业务模式及其运作流程后，应收会计接下来需要承担的一项重要任务，便是与管理层进行深入沟通与探讨，明确他们的管理需求。毕竟，企业资源有限而发展目标繁多，如何在有限资源下实现最大化的效益，是每个企业都需要面对的挑战。因此，管理需求的设定必须紧密结合企业的实际情况，避免不切实际的既要、又要、还要，从而导致资源分散和浪费。

此外，管理需求并非一成不变，而应根据企业业务的不断发展和市场环境的变化进行动态调整。对于体量尚未达到一定规模的企业而言，过于复杂的管理需求不仅可能增加不必要的运营成本，还可能导致人效的浪费。因此，在与管理层探讨管理需求时，应收会计应充分考虑企业的现状和未来发展规划，提出既符合实际又具有一定前瞻性的管理建议，助力企业在有限的资源下实现高效且稳健的发展。

合规合法、账务清晰，这是最基本的要求。若管理层仅着眼于此，那么三大财务报表——资产负债表、利润表、现金流量表，便足以满足其基本需求。然而，企业发展总是追求更高层次的管理效能。更进一步，可以把具体的业

53

务按不同模式划分成一个个利润中心，或从项目角度进行精细化管理，对各类产品的收入、成本、费用进行独立核算。如此一来，利润表将更加清晰地展现在管理层眼前，明确揭示各产品的盈利状况及成本费用的主要构成，为管理层指明降本增效的重点方向。

在此基础上，业务部门也能够依据这些数据，更有针对性地制定策略，实现资源的优化配置。在这个过程中，应收会计也可以深入业务前线，比如在前端参与销售决策，给予业务部门合理的建议；或者协助业务制定定价策略、选择合适的营销方案等。

4. 建立利润模型，形成报表体系

在清晰界定管理需求后，应收会计就可以着手具体的执行工作了。首先，通过深入了解管理层对数据精细度的期望，应收会计可以精准匹配相应的核算维度，并据此细化会计科目，同时构建一套标准化的核算规范。随后，对业务活动进行细致拆解，无论是采用辅助账的形式还是明细科目的方式，其核心目标都是实现数据的便捷与准确提取。一旦基础数据准备就绪，接下来的关键环节便是构建报表体系，明确报表的取数逻辑、展现形式等要素。

根据管理层需求，笔者将电商业务划分成一个个利润中心来核算，在模型中一共设计了四个层级，如图 2-4 所示。

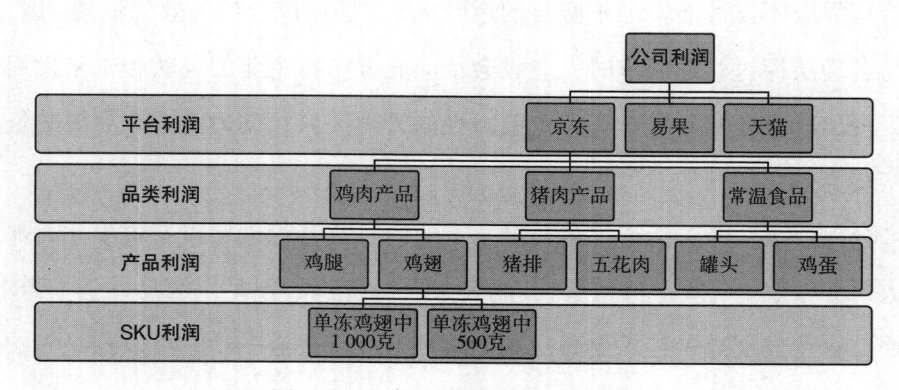

图 2-4 电商业务的利润中心划分

最底层的利润中心是最小存货单位（SKU）利润。作为最小的核算单元，SKU在整个业务流程中扮演着至关重要的角色。以单冻鸡翅中为例，即便同属一个产品系列，但因包装规格不同，1 000克和500克便构成两种不同的SKU。

从SKU这个精细的利润层级深入分析，能够精准洞察到各单品的实际销售表现，进而明确何种单品在市场上更受青睐。在实际的市场销售过程中，500克规格的单冻鸡翅中相较于1 000克规格，展现出了更为强劲的销售势头。经过市场调研可知，当代年轻人的生活方式发生了显著转变，独居的比例大幅增加，日常做饭的频率相对较低。在这样的现实背景下，500克规格的单冻鸡翅中由于分量小，便于储存，于是更受年轻人的青睐。在充分了解并掌握了这一市场需求特点之后，销售部门便可以有针对性地对备货策略进行调整。

在这个精细化的管理模型中，同类SKU可以被汇总整合成具体的产品。而具有相似属性和功能的产品，又可以进一步汇总成更大的品类。随着层级的不断上升，这些大的品类最终会汇总到整个电商平台层面。最后，所有这些数据和信息将层层落实，形成企业层面的利润表（见表2-5、表2-6）。这份利润表不仅是一个简单的数字报表，更是企业经营状况的全面反映，涵盖了各个业务环节的收入、成本、利润等关键指标。通过对其进行深入分析和研究，管理层能够制定出更加科学合理的经营决策。

表 2-5　基于品类分析的利润表

科目		鸡肉产品				猪肉产品				合计
		京东	易果	天猫	其他	京东	易果	天猫	其他	
收入										
成本										
费用	物流费									
	营销费									

表 2-6　基于渠道分析的利润表

科目		京东				易果				合计
		鸡肉	猪肉	常温	其他	鸡肉	猪肉	常温	其他	
收入										
成本										
费用	物流费									
	营销费									

5. 合理分摊间接费用，核定盈亏平衡点

为了更精准地把握业务成本与利润的关系，应收会计可以将与业务联系最紧密的两大费用——营销费用和物流费用单独列出来。通过明确的分类，为后续的费用分摊奠定基础，使得成本核算更加准确合理。

营销费用的分摊，可以依据销售额和销售量两个关键指标进行。作为反映产品市场价值的重要指标，销售额能够体现不同产品在市场上的商业贡献度。按照销售额分摊营销费用，意味着那些市场表现更好、销售额更高的产品，将承担相对更多的营销成本。这种方式有助于激励销售团队积极推广高价值产品，同时也确保了营销资源的合理配置。而销售量则从产品的实际销售数量出发，更能直接反映产品的市场接受程度。按销售量分摊营销费用，可以使每个产品根据其实际销售情况公平地分担营销成本，避免因产品价格差异导致的分摊不均问题。

物流费用的分摊，可以考虑按照产品重量来进行。产品重量是影响物流成本的重要因素之一。通常情况下，重量越大的产品，在运输、仓储等环节产生的费用就越高。因此，按照产品重量分摊物流费用，可以更准确地反映各个产品在物流环节消耗的成本，使成本核算更加贴合实际情况。

通过分析，可以计算出一个综合的毛利率，其能够全面反映产品在实际运营中的盈利状况。同时，还可以计算出各利润中心的费效比（衡量投入与产出效率的重要指标）。通过计算各利润中心的费效比，可以了解每个利润中心在资源利用方面的效率，从而为资源的优化配置提供有力依据。

借助这些数据，销售部门在进行选品和定价的时候，就能够做到心中有数。在选品方面，销售团队可以根据综合毛利率和费效比等数据，筛选出具有较高盈利能力和市场潜力的产品，避免选择毛利率过低、可能导致亏损的产品。在定价方面，销售人员可以结合产品的成本、市场需求及竞争情况等因素，制定合理的价格策略，确保产品在市场中具有竞争力的同时，也能够实现企业的利润目标。

案例

作为面向 C 端的重要店铺，某生鲜电商公司旗舰店的运营模式和成本结构具有一些独特的点。由于旗舰店需要依赖第三方仓储物流系统来管理存货，同时生鲜产品运输本身成本就不低，因此仓储物流费相对较高。据统计，物流费在旗舰店的收入中所占的比重高达 35%~40%。这一较高的物流成本占比，对旗舰店的盈利能力产生了重要影响。除此之外，旗舰店在运营过程中还需要面对平台佣金和付费流量等费用支出。每一笔收入都需要支付 2.5% 的平台佣金。同时，为了在激烈的市场竞争中获取更多的流量和曝光机会，旗舰店在进行市场营销活动时还会花费一些付费流量的费用。这些付费流量虽然能够帮助旗舰店吸引更多的潜在客户，但也增加了运营成本。

针对案例中的情况，在旗舰店上架的货品，如果其自身的毛利率低于 50%，在扣除各项费用后，基本上无利可图。因此，销售部门在选品的时候就需要格外谨慎。如果盲目选择毛利率太低的产品，就很可能导致赔本的情况发生。当然，要是管理层从战略层面考虑，希望以做量为主要目标，而非单纯追求利润，以此抢占市场份额，并且能够承受战略性的亏损，那就是另外一种经营策略了。在这种情况下，企业可能会在短期内牺牲部分利润，通过低价策略吸引更多的客户，扩大市场份额，为未来的长期发展打下基础。但这种策略需要谨慎权衡，确保企业在可承受的范围内进行亏损，同时要有明确的战略规划和风险控制措施。

（二）关键动因模型搭建法

除了划分利润中心，构建模型的另一种有效方法是深度解析业务模式中的关键动因，即收入、成本及费用等核心驱动因素。在这一过程中，应收会计需将财务损益科目逐层拆解至业务源头指标。通过逻辑公式串联业务指标与财务数据，即可构建精准的动因模型。这一拆解过程，不仅是财务数据的细化，更是对应收会计业务洞察能力的考验。最终形成的模型既能动态适应业务变化，又能直观量化各因素对业绩的影响，从而为决策提供科学依据。下面，通过一个具体案例演示关键动因模型的搭建过程。

案例

某家培训机构的主营产品是专业证书考试辅导直播课，有需求的学员可以通过专门的报名入口，自主选择并报名课程，类似C端的业务模式。在这种模式下，机构需要面对纷繁复杂的市场环境，如何在众多竞争对手中脱颖而出，吸引更多学员的关注并促使他们报课，成为一项具有挑战性的任务。

基于上述业务模式的特点和发展现状，为了更好地应对市场竞争，实现业务的持续增长，该机构的应收会计按以下步骤开展了模型搭建工作。

首先，对业务流程进行全面梳理。通过深入分析业务流程的各个环节，从中识别出对利润产生直接影响的各项关键业务指标：影响收入的指标，如转化率、平均客单价等；影响成本的指标，如教师课酬、教材成本等。

其次，运用严谨的逻辑关系，清晰展现出这些指标之间的内在关联。这样有助于业务深入了解公司的经营状况和财务成果，从而制定合理的经营策略和决策。例如，收入的计算公式可以表示为：收入＝学生数量×平均客单价×课时。其中，学生数量又进一步取决于商机数量和转化率，则学生数量＝商机数量×转化率。而商机数量又与营销花费及平均获客成本密切相关，具体表现为：商机数量＝营销花费÷平均获客成本（假定各项指标之间是简单线性关系）。同时，成本＝课时×教师平均课酬＋学生数量×教材成本。如此，财务指标中的收入和成本，通过层层拆解和分析，最终落实成各项业务指标。

最后，基于以上逻辑关系，应收会计搭建了漏斗模型，如图 2-5 所示。通过模型搭建，能更直观地看出各项业务指标对最终利润的影响。

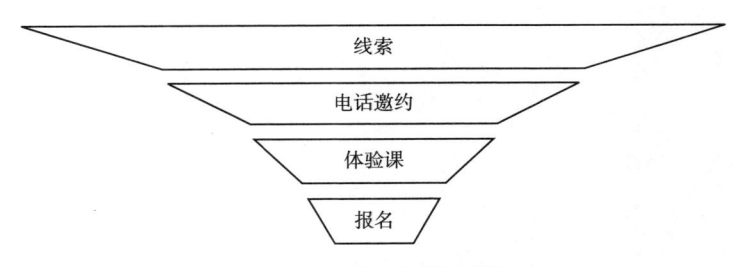

图 2-5　培训行业漏斗模型

借助这个漏斗关系，以及上述的逻辑公式，如果销售部门想提高业绩，就可以从多个维度发力。例如，可以跟课程研发部对在售产品进行升级，提高客单价；也可以跟市场部门沟通如何在营销预算不变的情况下降低平均获客成本，以得到高质量的商机；同时，销售部门也可以加强培训，优化销售沟通技巧，提高转化率等，从而吸引更多的学员报课。

案例中的逻辑关系可以借助 Excel 表进行数据测算。这种模型的测算不仅是为了分析利润，更可以作为预测工具为后续业绩管理做支撑。

对于模型搭建，应收会计不能一味套用或模仿笔者分享的案例，笔者在做技能培训的时候，很多学员都希望笔者提供一个"一劳永逸"的模型，可以直接运用到实际工作中。然而，业务是不同的，管理层的需求也各异，模型的用途也会发生变化（预测或者分析等）。想搭建合适的模型，关键还是要熟悉业务。根据笔者提供的建模思路，在充分了解业务的情况下，每一个应收会计都有机会成为建模高手。

第二篇

财务经理：财务人的职业"天花板"

在财务部门的组织架构体系里，该部门的负责人（为方便表述，以下称为财务经理）处于企业的中层管理位置。从工作对接来看，财务经理需要向上与管理层进行密切的沟通与协作，并高效执行相关决策和指示。而在向下管理方面，财务经理承担着合理安排各会计与出纳工作的重任，确保每位员工都清楚自己的工作职责及任务目标。对于传统财务人来说，职业发展路径往往具有一定的局限性。在很多情况下，能够晋升到财务经理，基本就达到了职业发展的"天花板"。这是因为传统财务工作更多侧重于会计核算、报表编制等基础操作，而中层岗位虽然也需要具备一定的操作执行能力，但更重要的是发挥管理职能。那么，如何才能成为一位优秀的管理者呢？

第三章

管理可是个技术活

当职位晋升至中层后,若想出色地胜任此工作,首要任务便是提升自身管理能力。然而,什么样的管理才算好的管理呢?作为一门学科,管理具有极为显著的个性化特征,在学术界更有众多流派与复杂的理论体系。无论是从员工角度,还是领导视角,凭借多年的工作经验与感悟,笔者总结出一些常见的管理问题,以及如何进行有效的管理。希望本章关于管理问题的探讨,能为大家提供有益的思考和启示。

第一节　什么是不好的管理

什么是有效管理？这个问题并不存在标准答案。管理行为需要紧密结合企业实际情况，并根据管理层的要求进行灵活调整。然而，无效管理模式通常具有诸多共性特征，最常见的表现具体如下。

一、管理靠人而不靠制度

在企业的日常运营中，为确保各项活动有条不紊地推进，构建一套既规范统一又明确具体的运行规则尤为重要。这套规则不仅为员工提供了清晰的行动指南，明确了工作方法与流程，同时也在一定程度上约束了员工的行为边界，体现为"无规矩不成方圆"，而此处的"规矩"便是企业的各项管理制度。

制度是刚性的，而业务则是灵活的，业务环境同样充满变数。因此，制度应被视为一种普遍适用的准则，能够解决 80% 的问题便已足够。如果遇到特殊情况，需要员工暂时突破制度框架，企业也应该制定一些标准和规则协助员工去执行，毕竟再完美的制度也不能涵盖所有的业务场景。因此，制度是必需的，但也要有突破制度的规则，并且企业每年也应该根据业务情况不断完善和更新制度。

然而，在实务工作中，诸多企业并未有效落实这一管理理念。一些企业缺乏明确的明文制度，大事小事均需层层上报进行决策，导致管理效率极为低下；而另一些企业虽然制定了制度，却形同虚设，在实际运营中频繁被打破,导致了"人治"而非"法治"的管理局面,这在私人企业中尤为常见。

案例

在某私人公司中,几乎没有成文的规章制度,员工行事仅需获得CEO的口头认可,无须遵循既定制度。在这个公司从事财务工作,员工心理压力很大。由于缺乏明确的制度指引,常常难以把握决策界限,不确定哪些事项应上报高层,哪些可自行决断。该公司的CEO决策风格也很多变,且缺乏连贯性,今天的主张明天就可能被推翻,唯一不变的便是与会计准则及税法相关的规定。这种缺乏系统性制度的管理模式导致了严重的内耗问题。中层管理者忙于迎合CEO的情绪与喜好,无暇顾及管理能力的提升;基层员工则因缺乏标准化的操作流程而在遇到问题时感到迷茫,只能逐级上报等待指示,部分问题最终不了了之。

此外,该公司员工的执行力也面临严峻考验。CEO需要事先深思熟虑才肯下达执行指令,否则工作只能搁置,这导致管理过度依赖CEO个人。然而,CEO精力有限,难以全面兼顾,许多事务因此被无端拖延。长此以往,负责任的员工还会主动跟进询问进展,而不负责任的员工则逃避责任,而且失去进一步改善和提升工作的动力。

案例中的企业,其管理过度依赖"人治"而非制度,从而导致效率低下、内耗严重、执行力弱化等问题。因此,制度是管理的根基,但需平衡刚性与弹性,避免陷入"人治"陷阱。

二、企业里只有一种声音

在企业管理体系中,一言堂式的管理模式存在诸多潜在风险与弊端。实际上，分歧与争议并非全然消极，反而在一定条件下能够转化为促进企业发展的积极因素。由于每个部门考虑问题的侧重点不同，部门间的分歧实际上为企业提供了全面分析问题的机会。因此，面对特定业务场景下的具体事项，企业应综合判断需要哪些利益相关部门参与决策过程。在这些部门发表意见后，在资源有限、能力受限的条件下，管理层需要从众多声音中筛选出最有利的方案。

在企业运营中，若管理层长期只听一种声音，且是其偏好的"赞歌"，就会导致决策缺乏全面性与客观性。一旦决策失误，责任就很难明确，似乎人人都有责任，但又无法简单归咎于某一方。部分企业在业务扩张、家底充实后，容易形成不良的企业文化。部分人员为追求升职加薪，将精力用于揣摩管理层意图、迎合其喜好，而非专注于推动企业发展。这种风气的形成，让投机取巧的人获取了利益，却让认真工作的普通员工在内耗中艰难前行，严重影响企业整体运营效率与团队稳定性。

三、领导管得太细

倘若企业的管理层对每一个环节都事无巨细地加以管控，这无异于在一定程度上压缩了员工自主发挥的空间，使得员工在执行任务时逐渐丧失内在驱动力，甚至可能滋生消极怠工的情绪。既然企业内部已经构建了主管、经理等管理层级架构，就应该对管理权限进行合理划分，并让这些人在权限范围内做好自己的事情。

此外，在企业组织架构中，各个层级的员工都应拥有明确界定的权责范围。适度且合理的授权行为，不仅能够充分激发员工的工作积极性和创造力，让每一位员工都能在各自的岗位上展现出最大的潜能；同时，还有可能为企业带来诸多意想不到的收获，助力企业在激烈的市场竞争中脱颖而出。管理和授权之间的关系，可以比喻为放风筝。管理层手中只需紧紧握住风筝线，确保风筝不会脱离自己的视线范围即可。既不能握得太紧，也不能过于松弛。

案例

在某公司中，CEO习惯于事无巨细地管理。他对员工的每一项工作都要亲自过问并提出意见，这种"全面监控"让员工感到疲惫不堪。无论任务大小，他都要参与其中，导致员工不得不花费大量时间和精力去应对他的各种要求。起初，员工都努力满足他的要求。当他们历经艰辛完成工作并提交给他时，他却总不满意，找出各种问题，要求员工重新修改。不久，员工发现这是一个无休止的循环——无论如何努力，他似乎总有新的不满和要求。于是，他们逐渐调整策略，开始以"60分万岁"的心态处理事务，不再全力以赴。

这种事必躬亲的管理方式不仅让管理层自己身心俱疲，也严重影响了员工的工作状态和团队氛围。员工无法在这样的环境下得到真正的成长和发挥自身的潜力，只能机械地应对管理层的种种要求。长此以往，员工的工作效率和士气将大打折扣，团队的向心力和协作精神也逐渐消磨殆尽。

四、着急着急着急

如果企业拥有完善的制度体系和健全的SOP，那么在其运营过程中，很少会出现紧急且混乱的情况。因为各项事务都有既定的标准流程进行规范和调控，企业得以井然有序地运作。即使偶遇突发状况，企业也能够依靠预先制定的应急预案沉着应对。

相反，如果企业经常陷入手忙脚乱的境地，或者频繁且不分昼夜地处理特殊事件，则说明企业缺乏明确的制度和流程，从而导致企业在面对意外情况时无法迅速有效地做出反应，进而影响到整体的运营效率和稳定性。

案例

在一家以业务为主导的公司中，财务部门被定位为纯粹的服务部门。这种体系导致业务部门的需求总是被置于最高优先级，而财务部门则不得不频繁应对各种突发的、非计划内的任务。例如，在周末或深夜，业务部门经常以"供应商即将停止合作"或"CEO明天急需报表"为由，要求财务人员立即付款或加班出报表。这导致财务人员怨声载道，与业务部门的关系也日益紧张，简单的配合工作变得困难重重，更遑论实现业财融合了。然而，这仅是问题的冰山一角。

如此频繁的紧急情况，从侧面反映出该企业业务部门对客户的维护能力很差。这不仅无法服务好大客户，还可能给客户留下不专业、不诚信的印象，最终真正受影响的是业务本身。但这是一种隐形的管理成本，很多人难以洞察。

此外，经常在周末或半夜要求员工加班完成工作成果，这也暴露了该企业财务经理向上管理能力的欠缺。由于业务高管并不了解每项工作的具体细节、所需人力和时间，只能按照自己的认知来设定时间节点。此时，如果财务经理不向上沟通、协调资源，只是默默接受所有工作安排，那么最终的结果很可能是工作成果粗制滥造，无法达到业务高管的期望。财务经理在承接任务后，应当在执行过程中不断向上级汇报、沟通，而不是在承接时毫无反馈，抱着先完成任务、挨批评也认了的态度，这样的工作方式只会纯粹内耗。

五、毫无目的，想一出是一出

在进行管理活动时，优秀的管理者必定持有清晰的目标，而且能够通过一系列高效合理的措施，达成这些目标，同时赢得员工的认可与信服。然而，在实际工作中，不少管理者往往缺乏长远规划与连贯策略，其管理行为如同无舵之舟，随波逐流，想一出是一出。这样的管理方式，不仅无法有效解决企业面临的实际问题，反而如同盲人摸象，只触及表面，未及根本。特别是，这种随意的管理方式极易引发员工的不满，使得团队氛围变得紧张，怨声载道便在所难免。

在商业实践中，低效或错误的管理方式往往会给企业带来难以估量的损失。这种损害不仅体现在短期的财务指标上，更会侵蚀企业的核心竞争力，甚至危及企业的生存根基。要避免以上这些管理陷阱，企业必须建立科学的管理体系。管理不善的代价是惨重的，但通过系统性改进，企业完全可以避免重蹈覆辙，走向更加稳健的发展道路。

第二节 搭建体系优化管理

既然了解了不好的管理手段带来的种种弊端，那么，对于肩负企业财务重任的财务经理而言，究竟应当如何精准施策，以实现部门管理的优化与提效呢？首要举措便是构建一套完备且行之有效的框架与标准，打造财务管理体系，为财务部门的运作指引方向，确保每一项工作都能有条不紊地推进。

一、财务组织架构

企业在独立运营时，财务组织架构显得还不是很重要，但当企业慢慢向集团化发展，开始有了分公司、子公司、合资公司的时候，财务组织架构就变得重要起来，需要财务经理做出相应的调整。根据企业发展规划、业务特点，以及财务管理的要求，财务经理需要及时建立适合企业发展现状和管理水平的财务组织架构，并明确各级岗位职责，为财务职能的充分发挥提供组织保障，同时实现业务与财务的有机结合，加强财务分析和监控，提升对决策的支持力度等。

1. 集团层面

除了传统的核算团队，企业可以根据管理需求设立预算管理团队、内审内控团队、报表分析团队、税务团队、资金团队和财务 BP 团队等。甚至在大型企业中，还会建立财务共享中心，将重复性较高且常规的财务工作如费用报销核算、物资采购核算和会计资料归档等进行整合，以降低集团内的管理成本。

2. 具体公司层面

财务经理需要根据管理需求做好分工，并明确各岗各级的职责。每个岗位的名称可能叫法不一，但是工作职责要相对清晰，并且能够满足稽核检查的要求。在前面的章节中，笔者梳理了一些常见岗位及其具体的职责范围，虽然财务部门能拆分出这么多职能，但是否所有岗位都需要单独设置，还要看企业具体业务量的大小及管理要求。良好的组织架构设计能够使各岗位分工清晰明确，便于进行有效考核，同时减少内耗，全面满足管理需求。此外，还可借助内部稽核检查机制，有效防范风险，从而提高管理水平。

当然，组织架构设计并非仅有职能分工这一种思路。以电商行业为例，为保障核算的便捷与准确，可以依据对接平台来划分职责。具体而言，一位会计负责几个平台的对账与核算工作，且不同平台的会计可进行轮岗。每个平台的核算工作都涵盖费用、应收应付、报表等多方面内容。这样按照平台分工，会计能够全面深入理解整个平台的运营模式，无须烦琐的内部沟通协调，只需专注于自身负责的平台，即可高效完成工作。

总的来说，组织架构是搭建财务管理体系的首要步骤，需要财务经理具备清晰的认知。虽然其成效可能不会立即显现，却是部门管理中至关重要的一步。

二、标准化工作手册

企业的业务模式非常复杂，财务人员岗位职责划分太细，一旦人员流动，业务连续性的问题就会凸显。随着企业规模的扩大，财务工作的规范统一就会变得紧迫。财务经理可以将日常的业务处理方式梳理成标准化工作手册，这样既能保证核算内容前后口径的一致性和连续性，也能避免人员流动带来业务中断，以及交接不清等问题。同时，如果有新人入职，也能够根据工作手册了解工作内容，比如如何操作财务相关软件，以及需要与哪些部门沟通协调等，从而迅速开展工作。

1. 设定会计科目

制定标准化工作手册之前，首先需要理解业务运营及管理层对财务报表的特定需求。基于此，设计核算科目的架构。通常情况下，一、二级科目结构相对稳定，各企业间差异不大，且均需严格遵循会计准则的规定。重点在于三、四级科目的设置，需要根据企业的具体核算要求进行个性化设置。

在科目核算过程中，有一个关键原则，即每个末级科目应专注于单一内容的核算，避免内容交叉，以免后续数据分析时需要手工拆解，从而增加不必要的工作量。同时，一旦确定了核算规则，相同性质的业务应统一使用同一科目进行描述，避免使用多个科目，否则还需要进行人工合并。会计科目的搭建，可参考笔者曾搭建的运营费用会计科目体系，见表3-1。

表 3-1 运营费用会计科目搭建示例

科目大类	一级科目编号	一级科目	科目释义	二级科目编号	二级科目	科目释义	三级科目编号	三级科目	科目释义	核算维度	其他备注
损益类	5001	运营费用	用于核算无法直接归集到具体部门或者人员的费用	01	人力资源费	企业人力成本（薪资福利及社保等）以及人力资源部门产生的业务费用（招聘费、培训费等）	01	工资	个人税前工资	部门	
							02	奖金	个人税前奖金	部门	
							03	社会保险费	企业承担的社保	部门	
							04	住房公积金	企业承担的公积金	部门	
							05	职工福利费	职工福利开销	部门	
							06	职工教育经费	职工培训、考试费	部门	
							07	劳务费	给劳务人员支付的税前薪资	部门	
							08	离职补偿费	辞退人员支付的补偿	部门	按分摊原则，直接分摊好的金额入账
							09	招聘费	招聘网站的费用	部门	
							10	食堂费用	食堂日常开销	部门，不走福利	
							11	宿舍费用	宿舍房租及物资采购	部门	
							12	其他费用		部门	
				02	行政后勤费	企业房租、物业、水电等行政费用及行政部门产生的业务费用	01	房屋租赁	办公室租金	部门	
							02	物业费	办公室物业费	部门	
							03	水费	办公室水费	部门	
							04	电费	办公室电费	部门	
							05	其他费用		部门	

续表

科目大类	一级科目编号	一级科目	科目释义	二级科目编号	二级科目	科目释义	三级科目编号	三级科目	科目释义	核算维度	其他备注
损益类	5001	运营费用	用于核算无法直接归集到具体部门或者人员的费用	03	日常运营费	企业日常经营发生的费用	01	办公费	印刷、邮电等费用	部门	
							02	办公用品	文件档案用品、桌面用品、办公设备、财务用品、耗材等	部门	
							03	差旅费	出差发生的交通、住宿及差旅津贴	部门/员工编码	
							04	业务招待费	招待企业外部人员的应酬费用	部门/员工编码	
							05	市内交通费	办公场所所在地发生的打车费	部门/员工编码	按分摊原则，直接以分摊好的金额入账
							06	会议费	组织会议发生的费用	部门	
							07	车辆费	企业租用或自有车辆发生的过桥、过路、加油、维修费	部门/员工编码	
							08	折旧	固定资产折旧费	部门	
							09	推销	无形资产推销费	部门	
							10	其他费用		部门	

此外，对于数据精确度要求较高的业务领域，如项目管理、合同执行或长期核算与对账等，设置辅助核算项目至关重要。这些辅助核算能够细致到部门、个人、项目等多个维度，为财务在数据整合时提供极大的灵活性，使其能够根据管理需求进行多维度、精准的数据统计与分析。

2. 规范摘要书写

核算科目设定之后，为进一步推动财务流程的标准化，财务经理可着手制定摘要编写规范。部分企业的凭证摘要由财务人员随意编写，导致事后查阅明细账时不够清晰明了，仍需翻阅原始附件，极为不便。至于摘要的编写规范，可依据部门数据统计需求及财务经理个人的查账习惯来制定相应规则。

比如差旅费的相关凭证，有些要求严格的企业，会要求财务人员在写摘要的时候写清楚什么部门、什么人、因为什么业务、去哪里出差等，因为摘要相对清晰，财务人员能够直接理解明细账的内容。有的摘要就写得比较简单，比如"张三报销差旅费"。关于差旅费的核算，部分企业还会采取分科目核算的方式，将住宿费、交通费及差旅津贴等项目分别进行核算，并在摘要中进行详细的描述。

当然，摘要描述得越详细，对报表取数和查账就越便利。然而，如果仅依赖手工录入凭证，过于追求细节只会加重财务人员的核算负担，并容易引发错误。针对这种情况，建议结合电算化水平的提升，尽量依靠系统制单而非手动记账。每家企业的管理要求各异，可根据实际情况灵活调整，只要方便管理即可。

3. 核算逻辑的标准化

在制定完成科目与摘要的规则后，下一步工作重心便是实现具体业务核算逻辑的标准化。前文提及，财务中存在"会计判断"这一概念，即针对特定业务，不同会计在核算时选择的科目及记账逻辑可能存在显著差异。这并非不符合会计准则，只不过每位财务人员的个人逻辑与习惯不同罢了。因此，对于诸如报销等简单业务，由于其共性较大，各企业处理方式相似，可不必作为重点关注对象。但对于企业特有的个性化业务，财务部门则必须构建一套清晰、统一的记账逻辑，并尽可能将其文档化。这样，一旦发生人员交接，新员工便能依据文档持续、准确地进行账务处理，从而确保核算逻辑的连贯性和一致性。

案例

某集团公司每月需处理一项特殊的融资利息计算与入账任务。前任财务经理采用四笔分录完成，并在其他应收款与其他应付款间进行了倒账操作。新财务经理接手后，对这一流程进行了优化，将分录简化为三笔，仅使用一个往来科目，并明确规定了每个业务发生时分录的具体编写方式。这样不仅使账目更加清晰，还省去了核对往来科目余额的麻烦。

案例中的前任财务经理的核算逻辑并无错误，只是不同的人有不同的理解和习惯。新财务经理倾向于减少不必要的书写，同时追求账目的清晰性。有人认为多一笔分录可能更便于理解业务，这就是会计判断的体现——没有绝对的对错，只要凭证附件齐全，记账逻辑能够自洽，便是可行的。

一旦科目、摘要及核算逻辑均已清晰梳理，财务人员仅需依照规定记账，并在总账结账前确认各项重点事项已准确录入，勾稽关系的科目匹配无误，且所有应该计提、摊销及折旧的操作均已完成，即可着手准备结账。此外，财务经理还需留意一些异常情况，如应收科目出现贷方余额、新科目突然产生发生额，或月度发生额出现异常波动（如从通常的200万元骤增至2 000万元），以及损益项目中收入、成本与费用的变动是否处于正常范围等。若上述事项均无异常，则该月的核算工作便可正式告一段落。

三、预算管理体系

财务预算体系是企业日常经营运作的重要工具之一。实施全面预算管理，可以明确并量化企业的经营目标、规范企业的管理控制、落实各利润中心的责任、明确各级责权及考核依据，为企业达成预算目标提供保证。

财务经理在预算管理体系搭建中发挥着核心枢纽作用，其关键价值体现在三个方面：首先，通过搭建标准化预算框架，将战略目标转化为可量化的财务指标，为资源配置提供数据基准；其次，建立动态监控机制，通过差异分析及时预警经营偏差，保障预算的刚性约束力；最后，可通过构建业财融合的数据中台，整合业务流与资金流信息，为滚动预测提供决策支持。

预算管理本质上是一项跨部门的系统工程，需要多维度协同：销售部门需提供精准的市场预测；生产部门需核定产能成本；人力部门需编制人工效能模型；而财务经理则扮演"数据枢纽"角色，即通过统一核算口径、校验逻辑勾稽关系、搭建多版本测算模型，最终输出业财联动的动态预算。只有各部门基于同一套数据语言深度协作，才能确保预算既反映战略意图，又具备落地实操性。

案例

在某公司的人力预算管理中，财务经理深度参与了全流程管控，从而确保了资源的高效配置。在业务部门根据战略规划提出人力需求后，财务经理基于历史人效数据（如人均营收、成本占比等）进行了校验，精准核定P6、P7等职级的编制数量，避免冗余或人力不足。例如，某业务线申请新增50名P7员工，财务经理对比行业标杆数据后，将其优化为35人，直接节省年度人力成本超千万元。

在薪酬预算制定环节，财务经理为人力资源部门提供了关键决策支持，包括分析社招与校招的成本差异（如 P7 社招通常含股权激励，需测算长期财务影响），协助人力资源部门设定各职级薪资带宽，并模拟不同薪酬策略对利润的影响。这使得工资预算误差率控制在 ±3% 以内，远优于行业平均水平。

此外，财务经理还通过动态监控优化人力成本。每月复盘分析时，若发现某部门招聘超预算 20%，财务经理会协同业务部门分析原因（如业务扩张加速或规划偏差），并调整后续预算。同时，还会评估招聘渠道效率（如校招留存率低则减少预算）、预测离职补偿金及调薪影响，以确保全年人力成本可控。

通过案例可见，现代企业的预算管理已实现从财务部门单一管控到多部门协同联动的范式转变。财务部门通过构建数据中枢，既确保了预算的科学性，又促进了组织协同，最终实现了"1+1＞2"的管理效能。这种模式不仅适用于人力预算，也可复制到其他资源分配场景，是企业精细化管理的典范。

四、财务制度体系

财务制度体系作为财务活动的法律与规章框架，保障了财务操作的合法性、规范性及一致性。该体系构成了企业风险管理的基础防线，通过明确的财务流程与内部控制机制，可以实现财务风险的有效识别、评估与防范，从而保护企业免受经济损失。财务制度体系建设绝非易事，且制度并不能解决所有的问题，毕竟时代在发展，业务也在不断变化。因此，制度体系的构建应有重点与针对性，不能一有问题便仓促出台一项制度。

案例

某公司设有专门的部门负责制度建设，新制度频繁出台，数量庞大且杂乱无章。虽然不能说毫无体系，但制度内容存在交叉重复和矛盾之处，而且部分制度已落后于业务发展，新业务开展时还需重新制定制度。由于缺乏系统性梳理与归纳，这家成立仅三年的公司竟积累了 200 多项制度。

其实，制度构建应有所区分：有针对全体员工的共性制度，也有针对具体部门的专项制度，还有针对特定事项的个性制度。从企业角度出发，对全体员工有普遍约束力的制度才最值得精心打磨。至于其他事项，可通过流程设定来规范，未必非要形成文字制度。

鉴于财务部门本身就具有内控管理的职能，财务经理也具备相应的专业能力和责任意识，因此，财务经理在制度建设中发挥着设计者和监督者的重要作用。完善的财务管理制度体系应包括但不限于：财务管理制度（涵盖资金管理、备用金管理、费用报销、发票管理等）、会计核算规范、预算管理制度、投融资管理制度、财务内控制度（涵盖审批权限设定、稽核制度等）、往来管理制度、资产管理制度及会计档案管理制度等。

编写财务制度时，财务经理应遵循以下原则：其一，确保制度可落地且便于执行；其二，聚焦主要管理目标，采取抓大放小的策略；其三，每年定期梳理更新，不断完善制度。

当然，做这项工作的时候，财务经理完全可以借助一些工具来优化和提升效率，比如借助 DeepSeek 等。善用工具也是管理者应具备的技能之一。

五、报表体系

资产负债表、利润表和现金流量表，作为财务报表体系的三大基石，虽然至关重要，却仅能粗略反映企业的基本面信息，对业务管理的实际助力有限。大量非财务数据及有价值的信息仍沉淀于基层，若未能及时反馈至管理层，就会造成管理资源的浪费。因此，在巩固三大报表的基础上，财务经理应在传统三大报表之外，构建一套契合业务管理需求的多元管理报表体系。此类报表可以多维度展现数据统计与分析结果，并有效整合业务与财务数据，为业务决策提供坚实支撑。纯业务数据可由业务部门提供，财务部门则负责整合汇总，确保数据的准确性与一致性。

1. 设计报表类型并统一标准

构建完善的报表体系，首要任务是依据管理层需求，设计相匹配的报表类型，并统一制定取数规则与编制标准。报表体系应涵盖但不限于：基础报表（含资产负债表、利润表、现金流量表）、往来管理报表（如各往来科目明细余额及账龄分析）、资金报表（资本金报表、收支月报表、长短期借款报表等）、资产报表（投资分析表、固定资产及无形资产统计表等）、营运报表（收入成本结构报表、费用明细表等）及项目分析报表等。

2. 设计报表模板与格式

考虑到报表的主要使用者是业务部门，报表模板与格式的设计应以业务习惯为出发点，适时融入非财务数据或业务核心指标，以提升报表的实用性与决策参考价值。模板一旦确定，填数工作便迎刃而解。如何有效展现这些数据却需要深思熟虑。由于业务变化频繁，报表也需要动态调整。财务经理应保持与业务部门的紧密沟通，及时更新报表内容。尽管这个过程可能较为漫长，但最终打磨出的报表将精准对接业务需求，成为业务发展的有力助推器。

案例

某公司的财务经理，发现财务团队每月辛苦编制的财务报表并未得到业务部门的关注。这不仅浪费资源，还可能影响财务部门的权威性。于是，财务经理与业务部门进行了深入沟通，试图了解他们真正需要的是什么。通过沟通发现，业务部门需要的不仅仅是数据，更是能够支持决策、反映市场动态和业务进展的分析报告。基于这一发现，财务经理对报表体系进行了改革，舍弃了那些业务部门从未看过的报表，转而专注于构建能够直接支撑业务决策的管理报表体系。根据业务需求，财务经理设计了包含关键业务指标、市场趋势分析及项目进展跟踪的定制化报表。这些报表不仅数据准确、呈现直观，而且能够直接对接业务需求，为业务决策提供了有力支持。改革后，业务部门开始主动查阅报表，并与财务部门展开了更加深入的合作。

报表的价值不在于其编制的复杂度或工作量，而在于它能否真正满足业务需求、支持决策。作为财务经理，应该时刻以业务为导向，勇于舍弃那些无效的工作，转而投入精力去搭建真正有价值的管理报表体系。只有这样，才能确保财务工作的成果得到业务部门的认可和应用，从而为企业创造更大的价值。

六、项目管理体系

作为企业财务运作的核心环节，项目管理的重要性日益凸显。它不仅是财务部门的一项常规工作，更是推动业务持续、健康发展的关键驱动力。目前，许多企业的业务发展呈现出项目制的特征，这种模式不仅提高了业务的灵活性和响应速度，还使得每一个独立的业务模块都能够被精准地界定为一个单独的项目，从而进行更为细致和全面的项目绩效分析。

项目管理贯穿于业务的每一个阶段，从项目的初始规划、资源分配，到执行过程中的监控、调整，再到最后的评估与总结，都离不开财务经理的深度参与和专业支持。财务经理通过精确的成本核算、预算控制及效益分析，可以确保每个项目都能在既定的资源约束下，实现最大化的经济效益和价值创造。

案例

某能源代理服务公司，其主营业务涉及周期长、充满不确定性的项目。传统财务核算方式难以真实反映项目盈亏，因此，该公司财务经理突破"事后记账"的局限，主导搭建全生命周期成本模型，将前期开发（客户关系、投标）、中期执行（物流、收款）、后期维护（售后、续约）的隐性成本显性化。例如，某项目合同毛利100万元，但财务经理通过成本追溯发现前期打点费用超100万元，及时预警管理层止损，避免了"虚假盈利"陷阱。

同时，在日常项目管理中，财务经理并非被动记录数据，而是通过实时损益看板介入业务决策。当项目开发成本超预算阈值时，联动业务部门调整策略；在合同执行阶段，监控收款进度与资金占用成本，减少坏账风险；后期则评估客户长期价值，区分"高维护低回报"项目与战略型客户。例如，通过数据发现某大客户项目虽短期亏损，但后续合作潜力巨大，从而支持公司战略性投入。

借助业财融合的分析体系，财务经理还从"成本管控者"升级为"价值发现者"。通过历史项目大数据，识别高利润客户特征、优化投标报价策略，甚至推动公司资源向高回报领域倾斜。例如，分析显示某类项目全周期投资回报率（ROI）持续低于预期，促使公司调整业务方向，最终提升了整体盈利水平。

为了达成闭环式管理，等到项目关闭以后，该财务经理以项目决算书的方式针对具体项目出具了管理报表，对该项目从头到尾进行系统化梳理，确认最终的项目绩效。其总结的经验教训可以为后续项目提供参考，同时也能对项目经理的业绩给予客观评价。

在该案例中，财务经理以项目管理的视角主动与业务进行协同，不仅有效规避了经营风险，更创造了决策价值。通过将财务管理嵌入项目全生命周期，企业实现了从被动核算到主动管控，再到价值创造的管理跃迁。

七、财务系统体系

企业在经营过程中会产生海量数据，而数据的整合绝非手工能及，必须依靠系统的支撑。在实务工作中，手工账基本淘汰，即便是规模再小的企业，也会至少配备一款财务核算软件，以应对数据处理的需求。

财务经理在财务系统体系搭建过程中发挥着核心决策者与协调者的作用。财务经理需结合企业战略和财务管理目标，明确系统功能需求（如核算、预算、资金管理、报表分析等），并评估现有流程的痛点，确保系统能够优化效率、强化内控。系统搭建涉及 IT、业务、高层管理等多方利益，财务经理需协调各部门需求，推动流程标准化，并确保系统设计符合财务合规性要求（如会计准则、税务法规等）。同时，财务经理还需主导系统实施中的测试、培训和问题解决，确保系统平稳上线并被有效使用。

在笔者看来，系统的价值远不止通过自动化、流程化的方式提高工作效率这一基本作用。更重要的是，系统能够对数据起到归集和汇总的作用，为企业的数字化转型提供有力的支持。在当今数字化转型的时代背景下，如何将各个部门产生的海量数据汇总成有价值的结果，成为企业发展的关键所在。而在这一过程中，财务经理的作用无疑是举足轻重的。从收入的核算、成本的分摊到费用的归集，财务经理都需要明确相应的取数逻辑以及计算规则，以确保数据的准确性和可靠性。只有这样，企业才能在激烈的市场竞争中立于不败之地，实现可持续发展的长远目标。如何搭建系统在后续章节会详细展开，此处不再赘述。

八、内控及流程体系

内控及流程体系是企业稳健运营的基石，其核心在于通过制度化的设计防范风险、提升效率并保障财务信息的真实性与合规性。一套完善的内控体系能够明确职责分工，避免权力过度集中或操作随意性，从而减少舞弊和错误的发生。同时，标准化的流程可以优化资源配置，降低运营成本，确保企业战略目标与日常执行的一致性。尤其在复杂的市场环境中，健全的内控体系能帮助企业应对外部监管要求和内部管理挑战，为可持续发展提供保障。

财务经理作为企业内控的关键执行者与监督者，承担着设计、推动和维护内控体系的核心职责。首先，需主导制定财务相关流程（如资金审批、成本控制、报表编制等），确保符合会计准则和法规要求；其次，通过定期审核与分析财务数据，识别流程漏洞或异常交易，及时提出改进措施。此外，财务经理需协调跨部门协作，推动内控意识渗透至业务各环节，例如监督采购与销售流程的合规性，避免因部门壁垒导致的管控失效。

需要明确的是，并非所有企业都必须面面俱到地落实以上八项内容。毕竟，每家企业都有其独特的组织架构、业务范畴以及发展阶段，管理需求也自然千差万别。此处所提供的，仅仅是一种管理思路与概念框架，旨在抛砖引玉。至于具体应当聚焦于哪些要点，精心雕琢哪些方面的管理细则，财务经理需要深入洞察企业的实际情况，紧密结合企业的业务特点、人员素质以及战略目标等要素，审慎权衡，精准抉择，以此量身定制出契合企业发展需求的财务管理方案，从而为企业的稳健运营与长远发展奠定坚实的财务基石。

第三节　管理的操心事儿可不少

财务经理作为财务部门的主管，其核心职责之一即为团队管理。诸多管理难题，究其根本，实为人的问题。因此，管好人，是提升工作效率的关键所在。这一理念在财务管理领域至关重要。目前，年轻人的职业目标都很明确，对不喜欢的工作不会勉强为之。他们更关注个人成长与平台大小，期望充分发挥自身才能。以往的"打压式"管理模式，已难以适应当下的职场环境。因此，财务经理应靠个人魅力和智慧进行管理。

一、敞开心扉，与员工坦诚交流

在现代企业管理中，财务经理的角色已超越传统的专业职能范畴，更需要重视团队人文关怀与组织氛围建设。财务经理应当将员工心理建设纳入日常管理重点，投入必要精力进行情绪疏导与职场引导。在管理实践中，笔者倡导亲情化管理模式，尤其对新晋员工采取信任优先的原则，通过定期非正式沟通、细致观察工作表现与情绪波动等方式，持续优化团队动态管理。这种管理方式强调打破僵化的层级壁垒，致力于构建平等开放的沟通环境。当员工感受到被尊重与信任时，其反馈意愿会显著提升，敢于表达真实想法与工作困扰。作为财务经理，需敏锐捕捉这些反馈信号，将其视为团队健康度的重要指标，及时介入疏导，防止负面情绪累积影响团队效能。这种人性化管理模式，既能增强员工归属感，又能促进信息透明流通，最终实现团队凝聚力与工作效率的双重提升。

二、目标清晰，指导员工高效完成任务

在布置工作任务时，财务经理不仅要明确任务内容，更要为员工设定清晰、可达成的目标，确保团队努力的方向一致。布置任务需要遵循以下原则：其一，阐述任务目标，明确告知员工任务的背景、意义及期望成果，让他们理解工作的长远价值，从而激发内在动力；其二，分享基本思路，提供完成任务的大致方法和策略，同时鼓励员工提出个人见解和更优方案，促进团队智慧的碰撞；其三，明确时间节点与交付方式，设定合理的任务完成时间和

清晰的交付标准，确保任务有序进行，同时避免临时性、无计划的任务干扰员工的日常工作安排。

在任务执行过程中，应给予员工适当的自主空间，鼓励创新思维，协助其提高解决问题的能力。而良好的沟通是保障这一过程顺利推进的关键。在沟通时，建议建立双向互动，财务经理要积极倾听员工的反馈与建议，通过频繁交流增进相互理解。这种开放、包容的沟通方式，不仅可以引导员工不断成长，还能帮助财务经理及时掌握团队动态，有效解决员工遇到的问题，助力其工作能力的提升。

三、合理分工与规划

一般来说，员工对于工作的新鲜感和挑战性有着强烈的追求。长期重复且缺乏挑战的任务往往会消磨他们的意志，削弱创造力。因此，财务经理应定期组织团队成员开展自我工作评估，鼓励他们详细梳理自己当前的工作内容、工作强度及遇到的挑战。这一过程不仅可以帮助员工进行自我反思，总结经验与不足，还能为财务经理提供调整分工的宝贵依据，从而确保团队始终保持高效状态。

在调整分工时，财务经理应遵循的核心原则是"便利性至上"。这意味着，在分配任务时，应充分考虑员工的专业技能、工作经验、个人兴趣及当前的工作负荷，力求将任务交给最适合、最方便完成该任务的人。这样不仅能够提高工作效率，确保任务高质量完成，还能让员工在自己的舒适区之外稍微迈出一步，接受新的挑战，从而促进其能力的提升和职业的成长。

案例 1

某公司的一项复杂业务涉及三笔会计分录，原本由三位不同的会计分别记录，且各自之间缺乏有效的稽核与检查，从而导致科目余额频繁出错，遗留问题丛生。面对这一困境，财务经理决定采取新的管理策略。经过深入观察业务流程，财务经理发现其中一位会计能够最先接触该业务的一手资料，具备全面了解业务的条件。于是，决定将这三笔分录全部交由这位会计负责，并亲自指导他如何根据科目余额的变化来判断账目是否准确无误。这一调整，不仅让该会计对这项业务有了更为完整的认识，还显著提高了工作效率和账目准确性，成功解决了之前多头管理、效率低下的问题。

案例 2

某集团公司的财务部管理着三家主体公司的账务，由于记账工作交叉重复，会计经常需要在多个公司间切换记账，因此工作混乱不堪。针对这一问题，财务经理根据每位员工的专长和能力，重新调整了分工，确保每人负责一家主体公司的全盘账务。这一举措，不仅让每位员工都获得了处理全盘账务的宝贵经验，激发了他们的工作积极性，还使得工作职责更加清晰明了，有效降低了财务部门内部的沟通成本。最终，结账效率和账务准确度都得到了显著提升，为该公司的稳健运营提供了有力的财务支持。

优秀的分工设计应该像精密的齿轮组，既确保每个部件独立运转，又能完美咬合形成合力。当分工达到这种理想状态时，团队整体效能往往能产生较大的协同效应。这需要财务经理持续优化组织设计，在专业分工与协同合作间找到最佳平衡点。

四、帮助员工提升工作能力

在财务管理这一极具实践性的专业领域，"传帮带"极其重要。财务经理应该将自己积累的经验和行之有效的方法毫无保留地传授给员工，助力员工工作能力的提升。

在此过程中，员工不仅能够掌握扎实的技能，更可以学会如何面对工作中的挑战与困境。这种成长对于个人而言是宝贵的财富，对于团队来说则是整体实力的提升。随着员工的快速进步，他们开始独立承担更多的责任，高效且精准地完成各项任务，这不仅为财务经理减轻了繁重的事务性负担，更让团队的运行变得更加流畅和高效。

当团队中的每一位成员都能独当一面，精准地完成各自的工作任务时，财务经理便得以从日常琐事中解脱出来，将更多的精力投入战略规划、团队发展等宏观层面的把控上。这种转变，不仅提升了团队的整体绩效，更推动了团队和个人的共同成长与进步。

五、主动向上管理和沟通

在财务管理工作中，保持工作流程的连贯性和系统性是确保高效执行的关键。财务经理需要建立清晰的向上沟通机制，主动、定期地向管理层汇报工作进展和关键节点。这种前瞻性的管理方式，能够有效避免因信息不对称而导致的工作中断——当管理层因不了解进展而频繁询问、召开临时会议时，财务人员往往需要耗费大量时间应对各种临时需求，从而影响了核心工作的推进效率。通过实施系统化的向上管理，财务经理不仅能够维护自身工作的连续性和专注度，显著提升工作质量和产出效率，同时也能与管理层建立更加透明、互相信任的协作关系。这种良性的沟通循环，既确保了财务工作的专业性和连贯性，又为团队创造了更有力的支持环境，使问题解决和事务处理能够更加顺畅地推进。

六、管理者自身需要高效

作为财务经理，应避免处于无休止的忙碌之中，这本质上是管理不当的体现。并非管理者无法胜任基础工作，而是应有职能区分。既然担任管理角色，就应该从基础工作中脱身出来，将更多精力投入思考、观察和熟悉业务中，甚至要主动发掘工作机会，即发现并解决问题。

案例

有这样两位截然不同的财务总监。第一位财务总监，是具有战略眼光的领导者。他并不拘泥于细节，每次员工汇报工作时，若过于冗长，他总会提醒："不要被细节束缚，要抬头看路，关注方向。"正是这种大局观，员工学会了在复杂的工作中找到主线，把握关键。他很少亲自涉足基础工作，但员工的每一次工作汇报，都能得到他及时的响应和指导。他总能从更高的层面给予员工操作层面的建议，使得员工能够更高效地完成任务。

另一位财务总监则截然不同。他每天被琐事缠身，员工向他汇报工作，往往半天都得不到回应。与他交流工作，从提出到落地执行，可能半个月都过去了。而且，他的工作方式较为笼统和表面化，例如，他总是这样说："我发给你一个文件，你先看一下，我们再进行讨论。"员工需要着重看什么、要达到什么目的，往往需要二次确认才知道。这种管理方式，不仅导致整个部门工作效率低下，而且真正看得见的工作成果屈指可数。

事实上，没有一种通用的最佳管理模式，只有最合适的方法。希望通过这些分享，能为广大财务经理提供一些启示，帮助大家在管理道路上不断进步，提高自身的管理水平。

第四章

如何给管理层交作业

在实际工作中，一位优秀的财务经理不仅需要具备卓越的管理能力，以有效组织和调配部门资源，激励团队成员发挥最佳水平，实现部门目标；同时，还需拥有出色的汇报和分析能力。对于财务经理来说，即使其在部门内部管理得井井有条，若无法清晰、准确地向管理层传达工作信息，不能通过深入分析让管理层理解财务数据背后的意义和潜在影响，那么其管理工作的价值也会大打折扣。本章将重点探讨财务经理如何与管理层进行有效沟通，并在沟通中交出令其满意的答卷。

第一节　财务分析可不是对着报表念数字

许多财务经理虽然具备较高的专业素养，持有众多专业证书，且在财务知识领域有着广泛的积累，但在信息传递与沟通技巧方面存在明显的短板。比如制作的 PPT 往往缺乏逻辑性，无法吸引管理层的注意力；或者整篇报告常常是密密麻麻地堆砌大量数据，难以迅速捕捉到核心；在进行数据分析时，也只是停留在表面现象的描述上，无法深入业务层面。这种汇报方式往往给人一种似是而非的感觉，仿佛什么都提到了，又好像什么都没说清楚，导致管理层听了半天也是稀里糊涂，完全不明白这份汇报最终要表达的结论是什么。

其实，从管理层的角度讲，他们最关心的无非就是业务到底赚不赚钱，以及如何才能实现降本增效，让企业的财务状况更加健康稳定。与此同时，管理层希望财务经理能够通过深入的分析主动识别并预警经营管理中可能存在的潜在风险，以便及时采取应对措施。因此，在汇报之前，作为财务经理，首要任务就是运用专业的分析方法和敏锐的洞察力，对报表进行深度剖析，提炼出最有价值的内容。只有这样，才能在有限的时间内，为管理层提供清晰、准确且有价值的信息，真正助力企业的发展。

一、从数据表面分析基本情况

在开展财务分析工作时，财务经理应当建立系统化的分析框架。首先需要运用传统的时间序列分析方法，包括同比分析和环比分析，通过纵向比较揭示企业业务的季节性波动、周期性特征以及长期发展趋势。在此基础上，应重点构建多维度的财务指标体系：运用流动比率、速动比率等，评估短期偿债能力；通过毛利率、净利率等指标，分析盈利水平；借助净资产收益率（ROE）、资产回报率（ROA）等综合指标衡量资本回报效率。还可以引入杜邦分析体系，从而系统性地诊断企业在盈利能力、营运效率和财务杠杆等方面的表现。

然而，财务经理在分析过程中绝不能止步于公式化的计算和机械化的解读。财务经理必须深入理解所在企业特有的财务特征。同时，要结合企业的经营战略、市场环境和行业周期等因素，对财务数据进行情境化解读。只有将定量分析与定性判断有机结合，才能穿透数据表象，发现企业真正的财务优势和潜在风险，为管理层提供具有前瞻性和可操作性的决策建议，真正实现财务分析创造价值的目标。

案例

在对某集团公司财务报表分析过程中，财务经理发现应收账款在流动资产中占比颇高，部分应收账款甚至挂账七八年。按照传统财务核算逻辑，这种情况理应计提坏账准备，然而财务经理并未让会计进行相关账务处理。这其实与该集团公司的独特性质紧密相连。作为集团总部，其核心职责在于为各成员公司提供融资支持，确保集团整体现金流的稳定与持续，而非单纯追求利润最大化。由于业务往来主要在集团内部进行，赖账风险极低，因此传统的应收账款管理方式在此并不适用。然而，这也给对外沟通带来了挑战。银行、税务、统计等外部机构在审视报表数据时，难免会对这些高额应收账款提出疑问。财务经理必须具备足够的专业素养和沟通能力，既能合理合规地解释对方疑惑，又能维护公司形象和利益。

该案例生动说明，优秀的财务经理应当像经验丰富的医生——不仅会看检验报告上的数据，更要结合病人的整体状况做出诊断。当标准分析指标出现异常时，需要深入探究背后的商业逻辑，在合规框架内作出最符合企业实际情况的专业判断，这正是财务工作的艺术性所在。

二、学会解读数据背后的故事

除了表面的财务信息，想做深入分析，还需要结合一些思考和拓展，从更深层次的角度不断挖掘。所谓分析，本质上就是解读这些数据背后隐藏的故事。它不仅仅是对数字的简单罗列或机械解读，更是通过专业知识和洞察力，去挖掘数字代表的经济意义和趋势变化。

案例1

某上市公司近年财报显示，其货币资金余额持续低于行业平均水平，而负债端却呈现快速扩张趋势。财务经理通过与业务沟通得知，新增借款主要用于产能升级及市场拓展，包括投资建设智能化生产线、扩大仓储物流基地等。若仅看现金流量表中的"购建固定资产支出"项目，近三年年均增长了30%，似乎印证了公司正处于积极扩张阶段。

通过深入分析，财务经理却发现一些异常情况：尽管公司新增产线，但实际产能利用率仅60%，且库存周转天数从90天延长至140天，显示销售端并未匹配产能扩张速度。结合行业背景分析，该公司正面临需求放缓、原材料成本上涨的双重压力。若未来销售收入无法覆盖债务利息，则公司可能面临流动性风险。

案例2

某知名影视公司的资产负债表中，"存货"科目占比持续超过15%，远超行业平均水平，这一异常数据立即引起了财务经理的高度警觉。由于文化传媒行业通常采用轻资产运营模式，其核心价值应体现在 IP 资产、内容创作能力和品牌影响力上，而非实物存货。经过深入调查，财务经理发现这些存货主要由 IP 衍生品构成，包括盲盒、联名服饰和手办等商品。虽然业务部门解释这是其"内容＋消费"战略的主动布局，旨在通过影视 IP 开发衍生消费品、构建泛娱乐生态，但财务经理通过对比竞品数据分析发现了潜在风险：公司缺乏自主销售渠道，过度依赖第三方平台，导致商品周转缓慢；部分盲盒产品因市场热度消退已出现市价低于成本价的情况，却未充分计提跌价准备；大量存货占用了宝贵的营运资金，给公司现金流带来压力。基于这些发现，财务经理迅速整理风险分析报告并提交公司 CEO，为公司及时调整经营策略提供了重要依据，有效防范了可能扩大的经营风险。

优秀的财务分析绝非简单的比率计算和数字堆砌，而是需要财务经理以战略视角穿透数据表象，构建"数据—业务—战略"三位一体的分析框架。财务经理首先要深入理解行业特性和商业模式；其次要洞察商业逻辑的合理性，判断数据变动是源于战略布局还是经营异常；更要结合管理层动机进行综合研判，区分真实的业务需求与可能的盈余管理行为。这种多维度的延伸解读，要求财务经理既精通财务技术，又具备商业敏感度。只有将冰冷的数字转化为鲜活的商业洞察，才能真正发挥财务分析在风险预警、资源配置和战略决策中的核心支持作用，帮助企业避开财务陷阱，把握发展机遇。

第二节　掌握这些技巧，让执行更到位

谈到执行力，一个核心问题值得深思：什么样的执行才是真正有效的执

行。面对同样的工作任务,有人能交出超出预期的成果,有人却始终差强人意。这种差异在财务领域尤为明显——许多财务经理在与管理层对接时,往往过于专注税务合规、会计准则等专业细节,却忽略了最关键的业务视角。这种"专业正确但业务脱节"的执行方式,本质上源于思维方式的错位:财务经理执着于"如何做对",而管理层需要的是"怎样做成"。

要突破这一困境,财务经理就必须实现思维转型。优质的执行不在于专业深度的展示,而在于能否精准把握管理层的核心诉求。当财务经理能够跳出专业局限,主动理解业务逻辑,用业务的语言解释财务问题,以价值创造的思维设计解决方案时,其工作成果才能真正获得管理层的认可。这种从"专业正确"到"业务有效"的转变,正是执行力提升的关键所在。

一、用服务客户的态度做执行

在实际工作中,很多人都缺乏换位思考及主动工作的意识,尽管执行任务意味着依照上级指示迅速行动,然而,要想更加出色地完成任务,财务经理就需要深入领会并精准挖掘管理层的痛点和需求。具体而言,在企业内部,那些有着跨部门沟通需求的员工或者领导,其实都可以视作客户。对于这些"客户",财务经理要进行深度的需求挖掘,真正做到想客户之所想,急客户之所急。只有这样,才能最大限度地降低沟通成本,减少内部消耗,进而提升企业的整体运营效率。

案例 1

在一次高管会议上,某公司 CEO 突然要求财务经理提供某份年度设备采购合同的详细数据,包括单价、付款方式及供应商历史合作记录。财务经理敏锐地察觉到,CEO 并非仅仅关注这一单合同,而是借此考察采购部门的整体成本管控能力。因此,在整理数据时,他不仅提供了该合同的明细,还主动附上了近三年同类采购的价格趋势分析，并标注了市场参考价，以便 CEO 判断是否存在成本优化空间。同时，他还调取了该合同的审批流程记录，以评估采购经理在谈判和执行过程中是否存在疏漏。

另外，该公司 CEO 曾要求财务经理分析一批芯片采购的付款账期，表面上是核查资金安排，实则怀疑采购总监在供应商选择上存在倾向性。财务经理在提供数据时，额外比对了不同供应商的信用政策，最终发现采购总监长期合作的某家供应商账期明显宽松，单价却高出行业水平 8%，这一发现直接触发了公司的采购审计。

案例 2

某公司在经营过程中积累了部分闲置资金，为提升资金使用效率，公司成立了专门的投资部，将闲余资金配置于各类金融资产。初期投资运作后，公司 CEO 要求财务经理对投资绩效进行分析汇报。财务经理按照传统财务报告模式，简单汇总了总投资成本和收益金额，并以表格形式呈现给 CEO。然而，这种粗放式的汇报让 CEO 感到困惑，无法从中获取有价值的决策信息。

意识到汇报效果不佳后，财务经理立即调整方法，将投资组合细分为货币基金、债券、股票等不同类别，并分别计算各类别的收益率。但新的问题随之出现：数据显示各单项投资收益率均在 10% 以上，而整体投资回报率却仅为 6% 左右。这种矛盾的数据表现引起了 CEO 的质疑，甚至怀疑财务数据的准确性。在例会上，CEO 直接提出疑问："为什么单个产品收益都不错，整体收益却差强人意？"

经过深入沟通，财务经理终于理解了 CEO 的真实需求：不仅要了解投资收益情况，更要通过分析优化资产配置结构。原来，高收益的权益类产品因风险较高，实际配置比例不足 10%；而低收益的货币基金却占据了 60%

以上的资金规模。这正是导致"单项高收益、整体低回报"现象的根本原因。掌握这一关键信息后，财务经理开始转变分析思路。

在后续工作中，财务经理主动学习资产配置理论，重新设计了汇报框架。首先展示各类资产的实际配置比例，再分析其对整体收益的贡献度，最后提出优化配置的建议。新的分析报告清晰显示，虽然某股票型产品收益率达15%，但由于仅配置了5%的资金，因此对整体收益的贡献不足1%；而占比65%的货币基金，虽然收益率仅3.5%，却贡献了大部分收益。这种立体化的分析方式，既解答了CEO的疑惑，又为后续资产调整提供了数据支持，最终获得了CEO的高度认可。

财务汇报应以解决业务问题和驱动决策为核心目标，而非简单完成"数据交付任务"。执行关键在于，以服务客户的态度，明确管理层的真实需求，用业务逻辑解释财务数据，提供可落地的建议。

二、主动汇报，协助管理层梳理工作

在某些情况下，管理层可能会提出诸多看似天马行空的想法，这就需要财务经理主动介入，帮助其梳理思路，将这些零散的构想整合成有条理的体系，或者转化为直观的报表形式。例如，管理层会突然询问一些看似不相关的数据，这表明他们希望了解特定的财务信息。当第一次遇到这样的提问时，就应有意识地开始整合和梳理相关数据；而当他们第二次提出类似需求时，则应进一步将这些数据结构化、体系化，制作成标准的报告模板。这样，就能每月主动向其提供所需数据，实现从被动回应到主动告知的转变。虽然同为执行任务，但这种主动、前瞻性的工作方式，无疑更契合企业对于卓越与进步的追求，这也是所有管理层赏识的方式。

以数据汇报为例，若仅在管理层询问时才被动解释，而未被询问则置之

不理，这样的执行态度仅能得到 30 分的评价。若能主动汇报数据，却仅限于回答其提出的问题，缺乏进一步的延伸与分析，其得分也仅为 60 分。若能够更上一层楼，对数据进行深入拆解，例如，当管理层询问现金收入状况时，不仅提供现金收入数据，还涵盖现金支出情况，精心制作一份符合他们需求的现金收支表，将与现金相关的各类数据详尽呈现，这样的汇报可评为 80 分。然而，即便财务经理提供了详尽的明细表和数据，管理层毕竟不都是财务专业，面对冗杂的数据可能会感到疲惫。因此，可以进一步优化：突出关键数据，加粗或用颜色标记，只为其展示汇总后的精华数据，而将明细数据巧妙折叠，让他们在需要时自主查看。这样的作业便能提升至 90 分。

那么，如何达到 100 分呢？这就不能只满足于提供表格或数据，而是以管理层的需求为出发点，为其准备一份 PPT 报告。在报告中，用简洁明了的折线图或饼状图代替复杂的数据堆砌，让其能一目了然地获取关键信息，并能清晰洞察数据的趋势与走向。这样，管理层得到的不仅是数据，更是包含分析与见解的宝贵资料。这些资料不仅能助力他们做出经营决策，还能充分展现财务工作的专业性与深度。

三、凡事有交代，件件有着落，事事有回音

当然，执行并非简单地埋头苦干。好的执行力，被很多人总结为"凡事有交代，件件有着落，事事有回音"。因此，在执行过程中，向管理层及时反馈信息尤为关键。管理层通常需要统筹管理诸多事务，虽无须关注每个项目的细枝末节，但项目的推进状况、是否顺畅、是否需要他们出面协调等，都是其日常关注的要点。

很多财务经理都有一个习惯，就是所有事情在核对无误之后才会向管理层汇报。当然，这种谨慎的工作习惯是必须的。然而，若在执行过程中始终不与管理层同步信息，便会使其心生忧虑。如果财务经理的方向出现偏差，

处理方案不尽合理，难道要等到汇报时才仓促进行调整吗？因此，在日常工作中，财务经理应有意识地在每个重要节点向管理层反馈，详述自己已完成的工作、遭遇的问题、解决方案、后续计划及预计完成时间。如此一来，管理层便能清晰掌握工作动态，在必要时给予指导，使后续工作目标与方向更为明确。

四、总结和反思

执行的最后一步，就是要学会总结和反思。在实际工作中，不少人采用任务导向型的工作模式，例如通过制定详细的待办事项清单，每完成一项便勾选标记。这种模式虽确保了工作的条理性，显著提升了工作效率，但如果在任务完成后缺乏深入的思考与总结，那么执行能力就难以得到质的飞跃。对于财务经理来说，深度思考与总结不仅是不可或缺的，更应被视为核心职责所在。通过周密的思考，财务经理能够擘画出具体的行动蓝图，为财务团队提供明确的执行标准与指导。在这一体系下，每个层级各司其职：管理层高瞻远瞩，把握企业战略方向；财务经理则将战略细化为可操作的执行策略；基层财务人员则依据既定方案，有条不紊地推进日常作业。唯有如此，企业的整体运营效能才能实现根本性的跃升。

第三篇

财务 BP：稀缺与价值

财务 BP 岗位无疑是当下财务领域的热门之选，其丰厚的薪资待遇和稀缺性吸引了众多财务人。很多财务人都渴望转型为财务 BP，视其为职业生涯的高峰。然而，面对这一看似高不可攀的职位，他们往往很迷茫，不知从何入手，财务 BP 的神秘面纱似乎难以揭开。本篇将从发展历程、思维能力、岗位详情等维度，深入剖析财务 BP 岗位，为有志于该领域的财务人指明方向。

第五章

成为财务 BP，提升思维能力

在财务信息化与人工智能技术的冲击下，传统财务岗位的空间被逐步压缩，而财务 BP 凭借其"业务伙伴"属性逆势崛起，成为财务人职业突破的关键方向。然而，尽管这一岗位前景广阔，其对综合能力的高要求也让许多从业者面临挑战：如何通过思维转型打破职业瓶颈？如何构建与业务深度协同的核心能力？本章将从沟通协作、业务对齐、数据分析等维度入手，探讨财务 BP 所需的关键思维模式与能力升级路径，为财务人向"业务伙伴"角色的跨越提供实践指引。

第一节 什么是财务 BP

对于大多数企业而言，盈利始终是首要任务。尽管提升管理水平、完善体系、规范化运作也具有重要意义，但相较于维持企业基本经营活动、确保企业生存来说，则稍显次要。尤其是中小企业，其抗风险能力相对薄弱，轻易不敢进行改革。这类企业必然以业务为主导，而财务部门实质上扮演着"服务部门"的角色，主要职责在于保障业务的正常运转。因此，在实际运营中，众多企业确实难以有效实现业财融合。而财务 BP 岗位的出现，正是为了解决这一问题。作为连接业务与财务的桥梁，财务 BP 能够促进业财融合，帮助企业更好地应对挑战，实现可持续发展。那么，究竟什么是业财融合呢？

一、怎么理解业财融合

业财融合表面看来颇为复杂，但理解起来并不难。下面借助夫妻关系的案例来类比业财融合，因为在实际场景中，二者在诸多思维层面有着显著的相似性。

案例

丈夫在公司里是业务骨干，收入颇丰。但他过日子精打细算，总想着法儿省钱，在购物时往往进行"凑单"，因此会购买许多实际上并不需要的小物件。有时仅仅因为单价看着便宜，便大量购入超大包装或参与多买多送的促销活动，导致家中物品堆积如山，其中不乏过期或从未使用过的物品。这种购物习惯，无疑体现了业务思维的特征——追求短期利益最大化，有时却忽视了长期成本的考量。妻子敏锐察觉到丈夫购物方式中的问题。凑单看似节省，实则增加了不必要的开支；过量购买导致物品积压，既浪费资源又占用空间。她倡导的是一种更理性的购物理念，认为每次购物都应基于实际需求，避免冲动消费和资源浪费。于是，她建议丈夫按需购物、精简购物车。这体现的是一种注重价值评估、规避资源浪费的理性财务思维。

这个案例就是业财融合理念的一个缩影。丈夫的业务思维与妻子的财务思维，在家中的日常开销管理上碰撞出了火花。这种相互理解、相互支持的合作模式，不仅让他们的家庭生活更加和谐，也为业财融合的理念提供了生动的注脚。因此，业财融合并非遥不可及，而是实实在在地体现在日常生活中。在追求业务发展时，也要确保财务管理稳健；在着眼短期利益时，更要放眼长远，力求成本与效益的平衡。这就是业财融合之道，也是企业管理的智慧所在。

二、财务 BP 的前世今生

企业追求业财融合，催生了财务 BP 这一岗位。在规模较小、业务单一的企业里，一般由财务经理兼任 BP 角色，而预算管理、财务分析、合同审核等基础职责，通常由总账会计或财务经理直接承担。但在组织架构复杂、规模庞大的集团化企业或"大厂"中，因产品线或业务部门众多，一个财务经理难以应对庞大的业务需求，此时就需要专门的财务 BP 来对接各项业务。

若将业务部门视为一个独立运营的小企业，那么财务 BP 实际上就扮演着这个小企业财务经理的角色，对其经营状况负有直接责任。因此，许多财务 BP 的工作内容都是从原有财务部门的职责中延伸和细化而来的。事实上，财务 BP 这一岗位的设立，主要是为了有效解决企业在业务运营中面临的两大核心问题。

1. 数据问题

在决策过程中，业务部门对数据有大量的需求。然而，各部门间的数据相对独立，直接整合成本高昂，且如果缺乏逻辑性的梳理，数据就难以有效整合。例如，销售部门若想评估人员效能，需向人力资源部门索取人力成本数据；若要分析毛利情况，则需向采购部门获取成本数据；若要了解获客成本，还需向市场部门询问广告宣传或线索的费用数据。这些数据在获取后，还需进行烦琐的整理和报表制作，才能形成销售部门需要的报告。显然，这一过程对于销售部门而言过于复杂，而财务部门则因其专业性更适合承担此项工作。但是，传统财务人员往往局限于自身领域，难以满足业务的个性化需求，因此就需要财务 BP 有效对接业务部门，确保业务与财务的无缝融合。

2. 财税风险

业务部门对税法和会计准则并不熟悉，在实务工作中，若业务部门仅凭主观意愿行事，很可能导致企业面临财税风险。特别是在当前金税四期时代，企业各项经营活动更加透明，任何不合规行为都可能引发税务问题，甚至导致企业被税务机关约谈。此外，即便存在更优化的商业模式，若业务部门未能提前与财务部门沟通并从税务角度进行合规设计，就可能导致企业承担额外的税负。因此，作为业务与财务之间的桥梁，财务 BP 需要帮助业务部门理解和遵守税法、降低财税风险，并通过专业的税务合规和沟通协作，为企业创造更大的价值。

三、财务 BP 也有段位之分

成为一位优秀的财务 BP，绝非易事。传统财务人员向财务 BP 的转型，面临着诸多困难。财务行业往往自入门起就与各类证书紧密相连，专业知识的精深学习成为常态。然而，需要注意的是，经济学、市场营销学、管理学等才是财务 BP 应对工作的底层逻辑。若财务人员对财务以外的商业知识缺乏了解，其只能被条条框框束缚，无法灵活运用"实质重于形式"的原则。而且，许多财务人员习惯严格执行规章制度，机械完成任务，缺乏主动思考。作为财务 BP，每天都需要做出一些会计判断，而这些判断有时甚至存在模棱两可的情况。因为会计判断依赖于业务实质，而业务千变万化，有时并没有明确的答案。若不动脑、不思考，无法理解业务逻辑，财务人员便无法做出合理的会计判断，后续工作也就无法开展。

因此，财务 BP 存在着段位上的区别。有些财务 BP 只是将工作内容向业务方向倾斜了一部分，但核心仍是财务内部的工作，与市场对财务 BP 的要求和期待相比，仍有较大的差距。在此，笔者提出三个判断标准，以评估财务 BP 是处于低段位的辅助服务阶段，还是高段位的合作伙伴阶段。

第一个判断标准是财务 BP 的工位位置。若财务 BP 仍坐在财务部门，那么其很可能只是基层的财务 BP。高段位的财务 BP 应该坐在业务部门。

第二个判断标准是财务 BP 的工作内容。作为财务 BP，其主要职责应是辅助业务，大部分时间应该用于与业务部门沟通和探讨问题、思考如何提升业务部门的业绩、发现痛点并协调资源解决。如果财务 BP 还需要承担基础的财务核算工作，那么其就不是高段位的财务 BP。

第三个判断标准是财务 BP 的汇报模式。从理论上讲，财务 BP 应该采用双线汇报的方式，既要向财务高管汇报，也要向对接的业务高管汇报。而且，一个好的财务 BP 应该"身在曹营心在汉"，虽然人员编制设在财务部门，但应时刻关注业务伙伴。精力分配中，20% 用于跟财务高管汇报，而剩余精力都应聚焦于业务钻研。甚至财务 BP 的考核及费用的归属方面，也应该是财务部门占 20%，业务部门占 80%。

而高段位财务 BP 与低段位财务 BP 的差距，主要在于思维方式、眼界和格局的不同。在笔者看来，传统财务人员向财务 BP 转型过程中，最大的障碍并非知识、经验或能力能否满足需求——毕竟专业知识可以学习、经验可以积累、能力可以通过培训提升。最关键的是，财务BP是否能以用户思维去支持业务、用闭环思维去处理工作、用大数据思维去做有价值的分析。在后续章节，笔者会通过一些能够落地的方法和案例，介绍如何通过提升思维转型成为高段位的财务BP。

第二节 让业务把你当队友，学会沟通协作

在实务工作中，业务与财务往往表现出对立甚至排斥的态度。那么，如何成为一位优秀的财务BP，真正实现业财融合呢？答案在于"融"。只有当业务和财务能够相互理解、紧密合作时，业财融合才能真正实现。

一、要"融"入业务

常言道："知己知彼，百战不殆。"要想成为业务的合作伙伴，首先需要学会急业务之所急，想业务之所想，让业务部门认识到财务BP是来帮助他们解决问题的，而不是单纯提出问题或制造麻烦。仅此一点，很多财务人员便难以做到。

实现业财融合，打破职业边界感至关重要。那些能够与业务部门保持良好合作关系的财务人员，往往可以更顺利地实现业财融合。他们之所以能够"融"入业务，是因为他们一般没有职业边界感。笔者发现，某些财务人员不仅能够精准发现业务问题，还能提出清晰的解决思路。然而，当他们被鼓励将这些想法转化为正式方案并向上反馈时，却常以"这不在财务职责范围内"为由拒绝沟通。与之形成对比的是，那些自称"不务正业"的财务人员，

即便面对非职责范围内的事情，也愿意积极参与，展现出与业务部门的默契配合。这种打破职业边界的做法，对于有志于成为财务BP的财务人员来说至关重要。

案例1

某电商公司初创不久，在一次促销活动中，销量的激增导致后台支撑系统不堪重负，而公司甚至尚未引入企业资源计划（ERP）系统，致使客服部门手忙脚乱。他们一边回应顾客咨询，一边手工传递发货的快递单，场面混乱不堪。当时，整个公司，包括CEO在内，仅有13位员工。发货事宜并非财务部门的职责，但财务经理主动请缨，加班加点与其他同事一同熬夜录入发货单号，确保顾客能够及时查询到物流信息。

另外，"双11"期间，业务部门异常繁忙。财务经理又主动承担起后勤保障工作，细心筹备了各类物资，并心甘情愿地为业务部门端茶倒水，陪伴他们熬夜至凌晨三点。次日清晨六点，他又准时起床为大家准备早餐。后来，当CEO需要向大股东汇报工作时，由于股东要求中英双语的汇报材料，而财务经理恰巧有留学经历，因此被同事邀请协助翻译。他与其他同事一同熬夜至凌晨五点，共同完成了汇报材料的制作。

通过这些经历，财务经理不仅与业务部门建立了深厚的友谊，还深入了解了业务的痛点和关注点。例如，在那次发货过程中，他深刻认识到ERP系统的上线已经迫在眉睫。活动结束后，公司首要解决的问题就是系统建设。这一系统的完善，不仅解决了自动发货的问题，还优化了数据的汇总统计功能，使得后续财务记账取数变得更加便捷。而与业务部门一起度过"双11"的经历，让他有机会近距离观察作战大屏，聆听业务同事分析产品、剖析客户、讨论活动策略以及调整营销方案的过程。这无疑是一个宝贵的学习机会。此外，通过参与大股东的汇报工作，他还清晰地了解了高层关注的战略性问题和后续的业务规划。这些经验和洞察对于他未来制定财务预算具有极大的帮助。

案例 2

某公司原本专注于 B 端业务，但随着市场环境的变化，公司管理层决定拓展 C 端业务，尝试社群团购模式，以扩大市场份额。然而，由于业务团队对这一新兴模式缺乏经验，初期推进较为缓慢。财务经理敏锐地察觉到这一业务转型的需求，并结合自身在业主社群中的团购经验，主动承担起市场调研的工作。他利用业余时间，在业主群内推广公司产品，收集用户的使用反馈和建议，并整理成一份初步的市场调查报告。尽管报告的专业性有限，但其真实反映了一线消费者的需求和痛点，为业务团队提供了宝贵的市场洞察，帮助他们更精准地制定运营策略。

在新业务正式启动后，财务经理的经验和前期积累的数据发挥了重要作用。业务人员主动与他协作，借鉴他在社群运营和用户沟通上的方法，逐步优化团购流程，提升客户体验。通过跨部门合作，公司成功打开了社群团购市场，不仅丰富了业务模式，还增强了团队的创新能力和市场适应力。

可以说，案例中的财务经理都"不务正业"，在诸多财务人员看来，或许难以置信。他们可能认为，身为财务，理应专注于专业工作，考取更多专业证书，而非整日思索与部门无关之事。况且，即便付出如此多努力，业务部门也未必领情，对个人职业发展亦无显著益处。事实上，案例中的两位财务经理，业务部门对其均极为敬重。他们常常主动寻求财务经理的意见，共同探讨方案，协商解决问题。此外，他们还邀请财务经理为其提供财务知识培训，以便更好地理解和满足财务要求。

因此，唯有财务部门主动付出，并为业务部门带来实际利益，方能赢得业务部门的信任，使他们视财务为队友。

二、要有服务意识

笔者认为，优秀的财务 BP 应具备强烈的服务意识。这种服务并非局限于后勤职能（如报销付款等），而应具备"用户思维"：将业务部门视为客户，将自己定位为产品经理，通过整合资源满足客户需求，提供适配的业务解决方案。基于这一理念，笔者已将其转化为常态化的工作习惯：在沟通伊始，便会询问"你有何需求"，随后组织相关部门人员开会研讨，提出方案以解决问题。这一思维转变对传统财务人员颇具挑战——与业务交锋多年，如今却要将业务放在首要位置，并不容易。但若不作出此转变，财务人员则难以与业务深度融合，自然无法成为真正的财务 BP。

对于财务 BP 而言，专业知识虽是基础，但并非核心壁垒，因为财务知识的底层逻辑相对有限。而且，优秀的财务 BP 无须涉足具体的核算工作。其核心价值在于支撑业务发展与战略布局，具体包括以下内容。其一，深入理解业务需求。洞察合作伙伴的痛点，设身处地为其着想，确保双方目标一致、行动协同。其二，积极参与业务活动。帮助业务达成指标、实现业绩目标，而非单纯拒绝问题；提供合规且风险可控的解决方案，并明确操作路径。其三，推动目标落地。在确保合规的前提下，通过组织跨部门协作、优化资源配置等方式，助力业务完成考核目标。

如果能真正打破职业边界，从内心走出财务部门，真诚地拥抱业务，那么成为优秀的财务 BP 就指日可待了。

第三节 与业务对齐颗粒度，同频对话

财务要融入业务，首先需从心理上破除壁垒，认识到业财本为一体；其次必须学会与业务同频共振，站在相同视角思考问题。为此，财务BP至少应熟悉业务流程，了解业务日常运作及看待问题的方式。有人认为熟悉业务就是冲在一线，如与销售共同拜访客户、与采购洽谈供应商等。若如此，财务的专业性与价值何在？其实，财务需了解业务，但并非要成为业务操作者。财务要学习的不是业务工作的细节，而是其价值与意义，以及如何进行考核评价。财务BP对业务的认知，多源于参与业务活动后的总结。需要明白，在这个快节奏的时代，每个人都很忙，其他部门并无义务担任老师，指望业务部门主动提供全面培训基本不可能。因此，业务知识需依赖自学。不过，这并不意味着这些困难无法克服。笔者总结了四种方法，可以帮助财务BP快速了解业务。

一、借助财务专有工具了解业务

与其他部门不同，财务部门天生拥有记录业务活动的独特工具——财务账本与纸质凭证。无论是合同、发票、报告、预算数据，还是会议纪要，这些都是财务BP深入了解业务的重要一手资料。

1. 理解基本的账务情况

求人不如求己，在开展工作之前，财务BP需要透彻理解基本的账务情况。例如，所服务业务部门的主要业务范畴、目标客户群体、业务盈利逻辑、历史业绩表现、重要上下游合作伙伴、结算模式的合理性、现金流运转状况、

内部费用支出、预算执行效果、收入确认方式、固定成本构成、年度市场营销费用支出及效果评估等。以上诸多问题，都可以从凭证中得出大概的结论，从而对业务情况形成全面的认识。会计记录的是历史，财务BP关注的是未来，有了历史数据的支撑，才能更好地服务未来。

2. 研读各类财务报表

研读各类财务报表也是了解业务的重要手段。这不仅包括公开的财务报告，还包括内部管理报表，这些报表往往包含了更为详细和深入的业务数据。但在审视这些报表时，财务BP不能站在财务分析或审计的视角去评判数据，否则仍是以财务的立场看待问题。在实务工作中，财务人员通常习惯将具有逻辑关系的数据详尽罗列，期望在一张表中涵盖所有信息，以便无论业务人员提出何种问题都能从中找到答案。然而，在业务人员看来，这种做法并不可取。满篇的数字使得他们难以迅速定位关键信息，甚至需要在听汇报的时候逐一查找，这无疑增加了双方的沟通成本。因此，财务BP应以旁观者的角度审视这些报表，并以非财务专业人士的眼光去理解数字背后的含义，同时尝试提炼以下关键信息。

（1）业务是否盈利

对于业务部门而言，盈利是首要任务。无论是业务人员还是CEO，都期望能一目了然地从报表中获取此信息。若报表无法直接反馈这一要点，则说明存在业务痛点或需求，这也是财务BP未来需要优化和改进的方向。

（2）业务部门的主要支出在哪里

近年来，企业纷纷倡导降本增效。关键需要明确"本"在哪里，当前的状况如何，进而探索降低成本的有效途径。在这些成本中，如员工工资、房租等固定开支可能无法轻易变动，而差旅费、应酬费等则存在一定的控制空间。因此，财务BP需要深入了解和分析这些支出的合理性和必要性。

（3）业务增长情况如何，与同行相比又如何

同比、环比等数据虽易于计算，但重点在于能否从中洞察出有价值的信息。不同行业的增长标准各异，有的行业同比增长30%仍显落后，而有的行业若能实现每年1%的增长已属不易。

（4）业务高管重点关注的特殊指标是什么

正如前文所述，财务BP要深入理解业务高管的需求。有的业务高管可能更关心现金状况，有的则可能更关注应收账款或存货周转情况。只有站在业务需求的角度去审视这些指标，才能真正了解业务的痛点所在，并据此提出优化和改进方案。这也正是财务BP的价值所在。

二、了解行业，熟悉行话

在业财融合的大趋势下，财务BP只有深入熟悉并精准把握行业特点，才能在复杂多变的商业环境中找准方向，有的放矢地开展工作，从而协助业务提升业绩，真正实现业财融合的协同发展与价值共创。

1. 从宏观层面了解行业

每个行业都有着鲜明且不可复制的特性，这些特性涵盖了众多维度。比如，行业的周期性会受到市场供需、宏观环境、政策导向等多重因素的影响。在不同的发展阶段，各行业也面临着各自特定的战略目标与挑战。此外，不同行业所吸引的客户群体也存在显著差异，他们在年龄、性别、消费习惯、购买能力及需求偏好等方面各不相同。因此，对于财务BP而言，若要深入理解业务本质，就必须从宏观角度出发，全面把握并理解所在行业的特性。

<u>**案例1**</u>

某电商公司成立于行业鼎盛时期，彼时，"双11"购物节盛况空前。但近年来，随着行业热度降温，促销活动如"6·18""双11"对消费者的

吸引力逐渐减弱。与之形成对比的是，一家以性价比著称的平台，其市值后来居上，甚至超越了传统电商巨头。这背后反映出民众消费观念的转变：消费者更加理性，更注重商品性价比，不再轻易为品牌溢价或外在颜值买单。

案例 2

某教培机构，在教育行业蓬勃发展时加入，却因新政策出台，原战略规划和市场打法瞬间失效。这说明，行业命运与国家政策、民众需求紧密相连。在时代背景下，任何企业都无法独善其身，必须顺应潮流，否则将在发展中悄然沉没，无人问津。

虽然财务 BP 无须直接承担企业战略与未来发展的重担，但对所处行业的基本认知是不可或缺的。作为财务 BP，应当时刻关注国家的政策导向与未来发展规划，审视自身所处行业是否具备长远发展前景，以及企业在整个行业中的定位与竞争力。这些信息，通过网络、新闻报道乃至社交媒体热搜等途径，皆可获取，并需要不断学习与更新。只有这样，才能在瞬息万变的商业环境中保持敏锐的洞察力，为企业的稳健发展建言献策。

2. 从微观层面了解企业

除了宏观层面，财务 BP 还需要在微观层面聚焦于企业内部的发展情况。在日常业务运作中，存在大量数据、核心指标及行业特定术语。这些细节需要财务 BP 通过与业务部门的频繁互动逐步积累和理解。当业务人员讲述相关事务时，财务 BP 至少可以理解其含义。毕竟，不同部门有各自独特的沟通方式和专业术语，非专业人士听不懂某些内容是正常的。然而，财务 BP 不能被动等待业务人员解释，因为业务部门没有义务和额外精力进行培训。因此，财务 BP 必须主动学习，以便更好地理解和对接业务工作。

例如，在笔者的工作经历中，曾对业务人员提及的商品交易总额（GMV）、平均交易额（ATV）、按销售付费（CPS）、按行动付费（CPA）、按点击付费（CPC）等专业术语一头雾水。在工作交流时，业务人员通常只使用英文缩写表述，笔者只能一边聆听，一边匆忙在网络上搜索这些英文缩写的具体含义，力求跟上业务讨论的节奏，避免因术语不明而影响沟通效率。

在实际业务活动中，类似情况屡见不鲜。作为财务 BP，除了依靠自身不断学习，还可以利用网络资源，或者阅读相关书籍来拓宽知识面。当然，如果身边恰好有在该领域经验丰富的朋友，向他们请教也是一个事半功倍的好方法。通过持续不断的学习和积累，可以有效弥补专业知识上的不足，从而更好地适应业务发展的需求。

总之，为了实现更高效的合作，财务 BP 应当积极适应并融入业务团队的交流体系，采用一致的沟通习惯与专业术语，确保双方处于同一信息频道。基于这一理念，笔者建议，无论是有志于转型成为财务 BP 的财务人员，还是已经担任该角色的同人，都应主动参与各类业务活动。只要业务部门不排斥，诸如部门周会、数据分析会、跨部门沟通会及行业交流会等，都应尽可能参加。只有这样，才能获取最前沿的信息，为后续开展支撑性工作奠定坚实基础，做到有的放矢，精准发力。

3. 做行业的精英

财务 BP 的发展目标是成为行业精英，这就要求财务 BP 不仅在行业层面出类拔萃，更要进一步深入特定的业务领域，以达到精益求精的专业高度。

案例

某生鲜电商公司的财务经理，对各类电商渠道有着深入了解。然而，当这位财务经理转向零食类电商领域时，他发现虽然同属食品行业，两者的运营重点却大相径庭。生鲜食材由于其高昂的冷链物流成本和短暂的保质期，对库存周转和物流效率提出了极高要求；相比之下，零食类产品无须冷链运输,且保质期更长,这些在生鲜电商中至关重要的因素,在零食电商领域则显得相对次要。此外,即使这位财务经理在国内电商领域积累了丰富经验,但在面对跨境电商时仍面临巨大挑战。跨境电商涉及的进出口税费、海关规定等复杂问题,并非短时间内能够完全掌握的。

在招聘时,企业往往期望应聘者能够迅速适应岗位需求,而非花费大量时间学习后才能胜任工作。因此,企业在招聘过程中极为重视行业背景,以确保应聘者能够迅速融入团队并为企业贡献价值。毕竟,对于财务BP而言,拥有相关行业的深入理解和经验,是快速适应岗位并发挥重要作用的关键。

三、熟悉各项业务操作的流程

在业务人员执行具体操作的过程中,必然要遵循企业内部设定的各项流程。例如,在签订合同时,需进行合同审批流程,法务、商务及财务BP均会参与其中,各司其职,确保合同条款的合法性与合规性。当策划营销活动时,财务部门负责制定预算框架,而销售部门与市场部门则紧密协作,共同确保活动能在既定预算内达到预期效果,实现资源的有效配置。在进行采购活动时,业务部门首先提交采购需求并上报审批,随后通过招标与评审程序选定供应商。在此过程中,财务人员常被邀请参与评审,从供应商的资质、经营状况等多维度提供专业意见,确保采购决策的科学性与合理性。

上述业务场景无一不彰显财务的核心作用。作为财务BP,不应局限于对某项流程的片面理解,而应全面掌握与所负责的业务部门相关的所有业务流程。了解这些流程的目的,并不是扮演职能辅助者的角色,而是要通过深入剖析这些流程,构建起业务执行的完整路径图。无论是何种业务活动,都必须形成闭环管理,确保每一步都紧密相连、逻辑清晰。

因此,财务BP还需具备闭环思维的能力,即全面理解交易双方的利益点与盈利逻辑，明确数据获取的标准与规范。同时，从法规遵循与风险控制的视角出发，助力企业合规并高效开展各项经营活动。在现有流程的基础上，财务BP应善于发现潜在问题，并勇于重新规划与优化流程，以提升业务效率与执行力。此外，在处理问题时，财务BP绝不能仅仅满足于完成任务这一层面，而应深入反思任务执行过程中的经验教训，探讨是否存在改进空间，以持续推动业务与自身的共同成长与进步。

以合同审批流程为例，在实务工作中经常会遇到这种情况——业务部门历经艰辛，终于与潜在客户达成了合作意向。然而，在提交合同审批流程后，法务、商务及财务部门分别从各自专业角度出发，提示了一系列潜在风险。此时，业务部门反馈，客户态度坚决，部分条款没有谈判余地，导致该项业务陷入僵局。

面对这种困境，财务BP应该积极介入，协助业务部门整合各方意见，并及时与业务高管及财务高管沟通，共同商讨对策，以推动流程加快进行。事后，财务BP还要深入分析问题根源，思考未来遇到类似情况时应如何妥善处理。比如，客户整体实力很强，在行业中排名靠前，而且现金流充足，违约风险很低，那么即使有部分不能谈判的条款，只要这些条款对合同的执行没有实质性的影响，风险可以控制，业务就可以继续推进。在这种情况下，财务BP可以主导业务、商务、法务部门，对客户和合同实行分类管理策略。对于优质客户，明确哪些条款可以适当让步，哪些条款必须坚持；而对于信誉不佳的客户，则应该设定严格的底线条款，坚决不妥协，以确保业务风险处于可控范围之内。如果必要，即使放弃合作，也要保护企业的利益。

四、通过业务访谈深度参与业务

如果财务BP在上述三个方面做足了功课，便能与业务人员实现同频对话。此外，还可以通过访谈方式与业务人员进行深入沟通，了解其需求与痛点；继而通过资源整合、流程优化、数据分析等手段解决问题，真正成为业务支撑伙伴。

1. 访谈前准备

因为时间有限，所以访谈前务必进行充分的准备。

首要任务是全面了解项目背景。这里的"项目"包括项目性质的工作、业务活动或其他具体事项。可以通过研究企业战略规划、业务部门的年度考核任务等方式来获取基本概念。对于不熟悉的领域，则可通过网络搜索相关知识进行补充。

接下来要确定合适的访谈对象。例如，想了解财务核算规则，就应当询问总账会计而非出纳。这也体现了之前强调的一点：财务 BP 需要熟悉业务流程。只有找到掌握业务关键节点的负责人，才能使访谈更加有效。

最后是准备访谈提纲，带着明确的目标去提问。毫无准备的提问可能会让业务人员失去耐心，所以问题应该直击要点，确保得到的回答能够助力财务 BP 顺利推进后续工作。

2. 正式访谈与跟进

在正式访谈期间，财务 BP 需要深入挖掘，避免浅尝辄止。例如，当业务人员反映流程缓慢时，应进一步追问现有流程的具体细节、涉及人员、阻碍环节及其原因。只有触及问题核心，才能根本解决问题。访谈结束后，财务 BP 还需进行整理和复盘，为后续工作奠定基础。不过，访谈形式无须过于拘谨。笔者在访谈业务部门时，常选择在茶歇时进行，这样既能放松心情，又能高效交换意见。在这种环境中，业务人员心态较为放松，更容易敞开心扉。而在会议室等正式场合，业务人员可能会因紧张而有所保留，甚至敷衍应对。

下面通过一个案例具体介绍财务 BP 如何通过访谈顺利协助业务开展经营活动。

案例

某公司的财务 BP 曾参与了一项销售计划，该计划旨在通过代理商模式拓展销售渠道。在此之前，公司一直采用直销模式，主要客户群体为规模庞大、需求明确且长期合作的大客户。然而，随着大客户市场容量逐渐饱和，老客户续费及增购能力受到限制，为达成业绩指标，销售部门决定开发新客户群体，即与中小企业合作，并选用代理商模式以覆盖更广泛的市场，同时决定通过宣讲会形式进行推进。

财务 BP 凭借职业敏感度，主动探寻了销售部门采用代理商模式的动机。通过网络搜索，他了解到代理商模式具有市场覆盖面广、成本低、反应迅速及销售效率高等优点。这些信息为后续的业务访谈提供了保障。

1. 业务访谈与活动方案细化

在掌握上述背景后，他从销售部门入手开展业务访谈。销售人员已具备初步思路，因此他的任务是深入了解并协助完善活动方案。销售部门计划于 7 月至 8 月在全国举办八场活动，活动地点均已选定。他从费用角度对活动方案进行了细化考量，包括活动场地租赁费、物料制作费、宴请代理商环节产生的宴请费等，以及公司内部人员前往组织和参与活动所产生的差旅费。

2. 核心问题探讨与资源配置

基于活动方案，他提出两个核心问题：一是活动费用是否有既定预算或占用哪个预算项目；二是活动中所需物料是否需要市场部提供支持。为此，他分别与财务部门负责预算的同事及市场部门的同事进行了沟通和访谈，并协助销售部门进行资源合理配置。对于宣讲活动所需的海报、产品手册及文创纪念品等物料，他与市场部门紧密对接，请求其提供必要协助。若活动初期预算未涵盖这些物料费用，但公司高层高度重视且必须开展，他就会及时督促销售部门申请额外预算。若费用已在预算范围内，则进一步确认所占用的预算项目及金额是否合理，并在财务部门内部进行有效沟通。

3.活动复盘与经验总结

活动结束后,他协助销售部门进行了活动复盘。评估招募了多少家代理商,这些代理商在当地拥有哪些客户资源,以及未来能为销售业绩带来哪些贡献等。同时,总结了活动中的经验教训,为后续类似市场的开拓及活动举办奠定了坚实的基础。

这一系列举措不仅助力了业务发展,也提升了财务 BP 自身在公司中的价值与影响力。

业务访谈的范围极为广泛,涵盖了从具体数据的获取到宏观战略的规划与思考,财务 BP 可全面参与其中,旨在全方位推动业务执行。这里的业务访谈不仅限于销售部门,还包括市场、研发、运营、IT 及各职能部门,乃至财务部门内部。围绕着业绩目标,任何需要多部门协作的事项,财务 BP 都可以对相关部门进行访谈与交流。

其实,各业务部门如同散落的珍珠,而财务 BP 则起着穿针引线的作用,其通过访谈将各部门的信息汇总并整合,形成系统的方案以助力业务推进。可以说,在企业中,财务 BP 就是"大管家"——不仅需要把"家"管理得井井有条,还要赢得"家人"的衷心拥护与信任。这无疑对财务 BP 的智慧与情商提出了极高要求,也难怪优秀的财务 BP 如此稀缺了。

第四节 利用大数据,做有价值的分析

财务分析的核心目的在于为业务部门提供坚实的数据支撑,通过深入分析,使业务部门能够清晰了解既往工作成果,并基于分析结论科学规划后续

的工作。然而，在实务工作中，财务分析往往难以达到预期效果，主要原因在于财务报表仅包含财务数据，缺乏大数据的支撑。在此背景下，作为财务BP，需要主动打破财务与业务的壁垒，将财务指标与业务指标有机结合，通过大数据的深度挖掘，识别业务痛点、预测发展趋势，做出更有价值的分析，并输出可落地的改善建议。这种业财融合的分析模式，使财务BP能够从后端支持走向前端赋能，真正实现从数据洞察到业务价值的转化。

一、传统会计报表的局限性

笔者常听闻业务部门抱怨，财务提供的数据不够实用且晦涩难懂。其中的原因既有数据口径不一致的因素，也源于双方需求的差异。财务报表由会计科目排列组合而成，其本质是呈现财务数字。然而，业务部门需要的并不仅仅是财务数据，他们更渴望获取与财务无直接关联的其他信息。例如，销售部门关注转化率、客单价等指标；市场部门则对价格策略、消费者偏好等数据更感兴趣。而且，会计科目的一个明显弊端是其明细程度非常有限。很少有企业能将会计科目做到五级以上的明细。虽然从财务核算角度来看，确实没有必要，但这并不意味着业务部门不需要这些信息。

举例来说，在会计科目中的"销售费用"下设有"广告宣传费"明细科目，涵盖广告费和宣传费两部分。其中，广告费会根据渠道不同进一步细分，如电视、网络、平面等广告形式。即便同为平面广告，也会依据杂志、海报等不同载体进行更细致的区分。若市场部门需要评估广告投放效果，则必须细化到各渠道，以分析投入产出比。例如，"海报"这一具体的投放形式，便是市场部门核算的一个重要维度。然而，财务工作并不会因为市场部门的这种需求而设计出如"销售费用—广告宣传费—广告费—平面广告—海报"这样多层级的会计科目。如果为了满足各部门的个性化需求而不断增设层级科目，不仅会使记账工作变得烦琐且耗时费力，还会使科目余额表显得杂乱无章,不利于财务审核与查询。

此外,在某些情况下,广告费与宣传费难以清晰划分。例如,当企业举办线下推广活动时,既使用海报、横幅等进行现场布置,又向潜在客户赠送印有企业标识的文创产品作为宣传手段。此时,该活动的费用既有广告性质,也包含宣传成分。面对这种混合性质的支出,财务在入账时往往面临困境。而市场部门在评估此类活动效果时,通常不会单独关注"海报"这一渠道的表现,而是将所有相关费用汇总起来综合考量,以全面评价整个活动的营销成效。因此,"一次活动"便成为市场部门的一个核算维度。但显然,财务不可能在已有的五级科目下再为每项活动增设一个辅助核算项目,如"××活动",否则随着每年活动数量的增加,财务软件的运行将不堪重负。

二、学会给数据打标签

鉴于会计科目取值的颗粒度存在显著局限性,财务 BP 不应苛责他人质疑其数据的实用性。同时,针对传统财务报表的固有弊端,财务 BP 应避免过度依赖财务系统进行数据整合与分析,而应转向采用 ERP 系统或建立数据中台,以实现数据的系统化整理与深度分析。如何实现数据从业务源头到财务记账全过程中的自动化串联,即实施数据标签化管理,已成为亟待解决的关键难题。只有通过为数据标记不同的字段信息,才能在最终提取数据时灵活依据需求,从多个角度进行排列组合,进而生成满足不同部门需求的多维度报表,为企业的全面分析与决策提供有力支撑。

案例

某云产品代理商公司主要通过电销模式,向不同客户推销各类云产品。为解决财务数据整合与分析的局限性,该公司财务 BP 建议采用 ERP 系统并建立数据中台,以实现数据的系统化整理与深度分析。财务 BP 通过对业务需求的了解及业务指标的整合，在系统中设计了丰富的数据字段。即便仅从电销收入这个单一数据源出发，也能实现极高的颗粒度细化，通过字段为每个数据点打上丰富的标签。以一笔简单的100元客户充值款为例，其背后蕴含的数据维度极为丰富。

1. 客户和销售代表维度

这笔款项关联到客户的行业属性、企业规模及地理位置等基本信息。进一步细化到该客户的维护责任人，即具体负责的销售代表，这位销售代表身上同样附带了年龄、学历背景、工作年限及过往销售业绩等多维度标签，这些信息共同构成了销售个体的综合画像。

2. 产品维度

客户所购买的云产品归属于某个特定厂商，并可细分至具体的产品大类及更细致的产品小类中，每一层级都对应着不同的市场定位和客户需求。

通过这种数据标签化管理，财务BP在数据提取环节，可根据不同部门的分析要求，灵活组合多个指标，从而快速生成定制化报表，有效支撑公司各业务单元的经营分析和战略决策。

这样一笔看似微不足道的100元交易，却能够通过多个维度的标记，为后续的数据分析拓展出广阔的空间和可能性。例如，若市场部门希望深入了解哪些行业的客户更容易转化为目标客户时，他们可以从客户的行业维度筛选并提取所有相关的收入数据进行对比分析；若销售部门想掌握哪些产品在市场上更受欢迎，则可以从产品大类或小类的角度出发，对销售数据进行统计分析；而对于人力资源部门而言，通过分析优秀销售代表的个人特征维度数据，可以为未来的人才招聘和团队建设提供有力的数据支持和决策依据。

三、利用并整合大数据

作为一种强大的工具，大数据的应用范围广泛且深远。对于财务BP而言，不能局限于财务报表和会计科目等传统数据源，而应将视野全方位地拓展至企业内部各个部门所产生的海量数据之中。只有深入理解每个数据的作用及其背后的取值逻辑，才能进行有价值的分析，为企业的决策提供有力支持。

1. 大数据能够实现企业的精准营销

多维度的数据不仅极大增强了企业对用户需求的深刻理解，而且成为推动产品创新与持续优化的核心动力。通过综合分析不同来源、不同层面的数据，企业能够更全面地把握市场动态与用户偏好，从而在产品开发、功能设计及用户体验等方面做出更加精准且富有前瞻性的决策。

以电商行业为例，大数据的应用已然达到了极致。电商平台通过深度挖掘消费者在客户端的所有行为数据，目前已能精准洞察消费者的喜好与习惯。相较于过去依赖问卷调查的低效方式，如今的大数据分析无疑更加高效且精确。通过对这些数据进行深入剖析，企业能够获取大量有价值的信息。例如，当某款女装成为爆款时，企业可以迅速通过数据得知购买该衣物的消费者是哪个年龄段、具备何种人群特征等关键信息。基于这些洞察，企业能够定制化自身的产品和服务，确保提供的正是客户所需，实现精准营销。这不仅有助于产品销售，更能提升产品的市场表现。更进一步地，企业还能通过大数据预判并满足客户的潜在需求，甚至在客户尚未察觉之前就已准备就绪，为客户带来惊喜与满足。

2. 大数据可以为企业降成本、控风险、增效益

借助大数据进行统计与经营分析，企业能够精准识别潜在风险与问题。对财务BP来说，掌握大数据应用技巧，意味着能站在业务视角，为管理层提供更全面、准确的决策支持。无论是预算管理、成本控制还是资金运作等

难题，都能通过大数据得到妥善处理，从而为企业降低成本、控制风险并提升整体效益。下面通过案例具体分析。

案例

在某电商公司，物流部门产生的物流费用经过财务 BP 的精确核算后，发现已接近公司总收入的 7%。这意味着每售出 100 元的产品中，仅物流费用一项便需支出 7 元，对公司的盈利能力构成了不小的挑战。面对这一情况，CEO 要求财务 BP 针对物流费用进行深入分析，并提出切实可行的降费方案。那么，财务 BP 是如何开展这项工作的呢？

1. 聚焦物流部门，深入业务访谈

财务 BP 首先聚焦于物流部门，开展了一系列深入的业务访谈。访谈旨在明确物流费用的具体构成，包括各类费用的性质、计算逻辑及各项物流活动的明细支出，如订货量、车辆装载效率、运输距离及计费模式等关键数据。随后，全面梳理了物流业务流程，细致识别费用产生的各个环节，以便精准设计针对性的降费策略。

2. 干线物流费用与备货策略的调整

（1）干线物流费用控制的重要性

在该公司业务模式下，物流部门首先需将货物运送至第三方仓库，产生干线物流费用；随后，第三方仓库负责将货物打包并发送给终端客户，产生配送物流费用；此外，使用第三方仓库还需支付仓储服务费。因此，降费的首要步骤在于降低干线物流成本。然而，物流部门对此提出异议，指出发货量及发货目的地由销售部门决定，物流部门无法控制。针对这一反馈，财务 BP 进一步进行了分析并提出解决方案。

（2）备货策略的精细化调整

关于发货量的确定，财务 BP 依据安全库存和存货周转率等关键指标进行了精准计算。为避免库存积压或缺货导致客户体验下降，需确保第三方仓库的存货量既不过剩也不过少。具体的销售节奏和策略则与销售部门进行了深入沟通，例如在"双11"等购物节期间，存货量显然应与日常有所不同，以应对剧增的市场需求。为此，不仅需要销售部门提供详尽的销售数据作为支撑，财务BP也与市场部门紧密合作，了解市场部门计划投入的各项资源及其预期带来的销售量。通过这一过程，财务BP验证了销售数据的准确性，并对备货计划进行了合理的调整与优化，确保资源配置的科学性与有效性，从而最大化销售效益与市场响应速度。

在仓储策略方面，第三方仓库通常遵循就近发货原则，并在本地库存不足时代入调货。当不同地区需求差异显著时，盲目统一备货将导致额外调货成本。因此，财务BP根据市场需求动态调整了各仓库的备货策略，以降低整体物流成本。例如，对于生鲜食品类商品，结合销售数据和市场调研结果来优化库存分布。针对市场调研显示某产品在北方销售不佳而在南方畅销这种情况，则相应调整了北京与广东仓库的备货量，以减少不必要的调货成本。

3. C端物流费用降费策略

（1）C端物流费用负担

该公司经营的是生鲜冻品，其C端物流费用因产品特性而显著高于其他类别。不同于服饰类商品仅需简易包装即可，生鲜冻品需采用冰袋、泡沫箱等高成本包装以确保低温运输，部分对温度敏感的商品还需添加干冰，这无疑增加了物流成本的负担。

（2）选品优化策略

针对这一问题，财务BP通过数据分析建议业务部门采取双重策略，以优化成本与提升用户体验。一是实施分级包邮政策，如设定满99元享包邮优惠，此举不仅能有效促进客单价的提升，还能通过订单量的增加来分摊高昂的物流费用。尽管最终成本仍由消费者承担，但包邮策略在心理上增强了消费者的购买意愿，提升了购物体验。二是对上架商品进行精细化管理，聚焦于爆款及复购率高的产品，同时果断下架那些销量低迷且受众有限的商品。例如，该公司曾上架的某款商品，其客户群主要集中在偏远地区，导致物流成本异常高昂，且月销量仅数十单，运费甚至超过产品本身价值。对于此类商品，应及时下架以避免不必要的物流开支，这是实现成本控制与资源优化的有效举措。

4. 跨部门协作，构建优化方案

遵循上述策略框架，财务BP进一步协同市场部门、销售部门及物流部门，共同构建了一套以数据驱动的优化方案。该方案需基于三部门的综合数据，为物流部门量身定制合理的送货频率与送货量建议，遵循"能跑一次，绝不跑两次"的效率原则。

此策略得以实施后，成功将该公司的物流成本从7%降至6%，按月销售额1亿元估算，可直接实现降费增效100万元，年度累计达1 200万元。

如果财务BP能够充分认识到企业内部大数据的潜在价值，主动进行解读与分析，便能发现诸多降本增效的关键点。通过提出合理的优化建议，不仅能显著提升企业的整体运营效率，还能优化投入产出比。对于规模庞大的企业而言，每降低一个百分点的费用比率，或提升毛利率和利润率，都意味着数百万元乃至数千万元的直接经济效益，且构成了一个良性循环。因此，财务BP要生成有价值的分析，必须学会从宏观角度全面考量业务，跨部门提取数据，进行细致的整合与梳理，并运用财务逻辑进行综合汇总与统计分析。

总之，从深入业务、与之产生共鸣、进行有效的业务访谈，到挖掘关键信息，再到最终整合数据进行财务分析，每一步都是成为财务BP不可或缺的关键环节。只有拥有用户思维、闭环思维、大数据思维，并不断拓宽视野与格局，才能逐步成长为优秀的财务BP，为企业创造更大的价值。

第六章

财务 BP 主要做哪些工作

与传统核算型财务不同，财务 BP 承担着更具战略性与前瞻性的职责。经营分析、预算管控及合同审核，是财务 BP 工作体系的三大支柱。尽管各企业对财务 BP 的具体岗位要求存在差异，但这三项核心任务通常是其职能的重要组成部分。那么，当财务 BP 具备了相应的思维能力后，应如何在日常工作中进一步释放其价值潜能呢？本章将深入剖析财务 BP 在这三大核心领域的具体工作内容与方法，探寻其价值实现的有效路径。

第一节　业务口径的报表与经营分析

作为财务BP，需要深入业务一线，通过定期收集、整理和分析业务数据，运用财务模型和工具，对业务表现进行量化评估。这一过程不仅涵盖对历史数据的深度挖掘，还涉及对未来趋势的科学预测，以及针对当前业务状况的实时监控。最终，这些分析成果以结构化、可视化的报表形式进行呈现，为管理层提供强有力的数据支撑与决策依据。

为了使报表能够更有效地服务于业务，财务BP必须精通业务逻辑。如果财务逻辑与业务逻辑相悖，或统计数据对业务无益，则应果断采纳业务逻辑进行分析。

一、以业务逻辑为主、财务逻辑为辅进行报表编制

业务逻辑遵循收付实现制，即主要依据现金流的实际发生来记录经济事件。这种方法直观反映了企业资金的流入与流出，与业务的实际操作紧密相连，有助于业务部门快速把握经营状况。而财务逻辑则遵循权责发生制，这一原则要求企业在确认收入和费用时，不仅要考虑现金流动，更要关注经济业务的实质及其对未来财务状况的影响。

尽管财务也强调"实质重于形式"的原则，但在实际财务处理中，财务数据与业务实质之间可能存在一定的偏差。这种偏差并非财务故意偏离业务实质，而是源于会计政策的选择、估计与判断的不同。为了缩小这种偏差，财务BP需要发挥桥梁作用，透彻理解业务实质，确保财务数据能够真实地反映业务情况。

案例

某公司 CEO，并非财务专业科班出身，对于借贷记账法、报表间勾稽关系等财务术语并不熟悉。在金钱管理上，他却展现出非凡的洞察力。他将公司的每一笔收入视为资产，每一笔支出视为负债，以简洁直接的逻辑审视业务，这种"财务即金钱"的视角，让他能够直观把握公司的经济脉搏。

CEO 直言不讳地向财务 BP 表示，对传统的资产负债表持保留态度，认为其中的数据并未真实反映公司的财务状况。尽管财务 BP 屡次提供详尽报表，他却总认为数据与实际感受不符，逻辑关系有误。起初，财务 BP 对此感到困惑不解，毕竟作为专业人士，对报表的准确性有着充分的信心。然而，CEO 的坚持让财务 BP 开始反思，是否真的存在另一种视角，能够更贴近业务实质。

在一次关于资产负债表的讨论中，CEO 以其独特的逻辑解释了预付账款的性质。他认为，预付意味着未来供应商可能退款或提供货物，因此应视为资产。然而，从财务记账角度看，该公司的预付账款只是因付款后发票未到而暂时记录，未来将转化为成本或费用，影响利润，而非真正的资产。同样，对于预收账款和员工备用金借款，CEO 也提出了不同的见解。他认为，预收账款应视为负债，因为公司需在未来提供商品或服务，而公司账面的预收账款，只是因为收到款项未及时给客户开具发票而暂时记录，未来会确认为收入，并不是负债；同样，备用金借款虽在账面记为其他应收款，但实际上员工借备用金会在各项业务活动花费中形成费用，不应再视为资产。这些观点虽然与传统财务核算逻辑相悖，却反映了业务的真实情况。

于是，财务 BP 尝试按照 CEO 的业务逻辑，调整了资产负债表，剔除了那些因财务记账而产生的、并非真正业务意义上的资产或负债。结果令人惊喜，调整后的资产负债表不仅更加清晰易懂，也让 CEO 终于看到了他心目中"真实"的财务状况。这份被财务 BP 称为"业务口径资产负债表"的报表，虽然在财务专业人士看来可能逻辑不够严谨，却极大满足了公司高层对资金状况一目了然的需求。

再看利润表，CEO 的关注点也与财务 BP 截然不同。面对亏损，他首先关心的是公司是否欠债，以及如何通过融资弥补亏损。这种看似简单的逻辑，却让财务 BP 意识到，财务数据的真实性不仅要经得起会计准则的检验，更要能够反映业务的实际状况。CEO 通过对利润表的逆向思考，帮助财务 BP 发现了财务记账中可能忽略的问题，促使其进一步修正核算规则。

可见，财务 BP 不仅是业务与财务之间的桥梁，更是数据翻译者与逻辑协调者。他们需要将财务语言转化为业务语言，提供既符合会计准则又贴近业务实质的财务报告。同时，通过制作业务口径的报表，财务 BP 还能反过来校验财务记账逻辑，以确保财务数据的准确性和有用性。

二、以业务管理目标为导向，调整时效性差异

财务与业务之间的差异，除了体现在数据确认的逻辑上，还显著表现在时效性方面，这一差异在长周期项目的核算中尤为突出。财务部门可能需要较长时间来收集、整理、审核与项目相关的财务数据，确保其符合会计准则与法规要求。而业务部门则可能已经根据初步的市场反馈与项目进展，对项目计划进行了多次调整。这种差异会导致财务数据与业务实际情况存在一定的脱节，给企业的决策带来挑战。

案例

某能源服务公司，其运营模式的核心在于提供能够满足客户特定需求的能源产品及服务，这一过程需要较长的周期，通常两至三年才能完成。鉴于业务的特性，公司采用项目制的方式进行业务洽谈与管理，每个项目则成为

评估收入与利润的核心单元。

在这一模式下，项目利润成为衡量业务绩效的关键指标，直接关系到年度业绩的评价。然而，财务部门在处理项目收入、成本及费用时，需遵循会计准则，根据项目进度进行入账处理。这种方式导致财务数据在反映销售人员即时业绩方面存在滞后性，因为项目从签约到执行完毕往往跨越多个会计期间。例如，一个在 2024 年签约的项目，其首批收入确认可能推迟至 2025 年，这使得原本属于 2024 年的合同业绩被延迟至次年体现，从而削弱了财务数据对当年销售业绩评价的实时性和有效性。

面对这种时效性差异，业务部门无法坐等财务结算完成，他们迫切需要一种能够即时反映业绩的数据规则。因此，业务部门自行制定了一套基于合同签订额的业绩评估体系，并通过预计合同毛利润来衡量项目的盈利能力。这样一来，每当新项目订单下达，销售团队便能迅速估算出预期收益，无须等待烦琐的财务流程结束。

对于财务部门而言，其核心任务则转向了确保每个订单都能达到既定的毛利率目标。销售团队在关注业绩的同时，往往忽视了公司层面的固定开支。因此，财务部门需要精确计算盈亏平衡点的毛利率，并与销售团队明确这一关键指标，确保销售活动在促进公司整体盈利的前提下进行。在后续向业务部门及高层管理者汇报时，传统的三大财务报表因未能贴合项目制的业务特点而显得不太合适，而以项目为核算单元，结合业务部门关注的指标（如合同签订额、预计毛利润等）构建的定制化报表，便成为展示公司业绩、指导决策的有力工具。

据此，为了有效应对时效性差异，并确保数据能够实时反映业务绩效，财务 BP 需要从业务管理目标出发，调整和优化财务报告机制。

三、搭建符合业务用表习惯的报表

一位优秀的财务 BP，在透彻理解业务模式及数据需求后，能够精准识别关键数据指标，构建真实反映业务状况的报表体系，并根据业务习惯进行优化调整。搭建符合业务用表习惯的报表体系，不仅能避免财务人员陷入被动应付的局面，还能确保报表得到业务部门的充分利用，从而真正发挥其应有的价值。同时，精心打磨的报表模板一旦完成，后续更新数据的工作将大为简化，进一步减轻了财务人员的工作负担。因此，财务 BP 应注重报表体系的搭建和优化，以适应不断变化的业务需求，提升整体财务管理水平。

案例

根据公司高层要求，某财务 BP 对资产负债表的格式进行了长达半年的精心打磨。尽管这一过程颇为漫长，但最终呈现的报表不仅完美契合了高层的需求，还根据他的查阅习惯进行了个性化的调整。正所谓"磨刀不误砍柴工"，模板打造完成后，后续的财务工作大为简化。此后，该财务 BP 只需每月按时更新数据，无须再制作繁多的报表，从而极大减轻了工作负担。

四、从五大分析维度提高经营分析水平

报表编制完成之后，财务 BP 应对报表内的数据展开深入的经营分析。然而，在进行数据分析时，诸多财务 BP 往往未能精准触及关键，难以有效解答业务部门的疑问，且对业务后续工作的开展缺乏指导意义。那么，财务 BP 究竟应从哪些维度进行深度剖析，从而提出更具价值的建议呢？

1. 企业赚了多少钱

这里的"钱"不是财务核算的利润，而是业务视角下的盈利。以增值税

为例，财务人员认为增值税不是成本，因其为价外税，与利润无直接关联。然而，站在业务角度，增值税实为资金流出，为何不能视为成本？其实，增值税本质上是对收入结构进行了拆分而已。业务人员与供应商和客户谈价，都是含税报价。因此，每当业务人员问及增值税是否为成本时，笔者皆答"是"，同时跟业务人员强调经营过程中要考虑税点问题，否则会产生税务角度的损失。

2. 怎么能赚更多的钱

在正常经营的企业中，制定业绩增长目标是普遍的管理实践。假设企业上年度实现了 100 万元的盈利，按照 5% 的增长目标测算，本年度需额外创造 5 万元的利润。实现这一增长目标通常可通过以下途径：拓展新产品线、开发新客户资源、与供应商协商优化采购成本，或加强费用管控。简而言之，通过"开源"与"节流"双重路径实现效益提升。这时，财务 BP 就需要通过测算，系统评估各类方案的可行性：既要分析不同开源渠道的潜在收益，也要测算各项节流措施的实施效果，最终选择投入产出比最优的方案。在这个过程中，财务 BP 实质上已深度参与企业的战略决策，成为价值创造的重要推动者。

3. 企业有多少钱

企业可以承受短期亏损，但绝不能失去现金流。对企业经营者而言，最关注的并非账面利润，而是可自由支配的资金。例如，尽管企业账面显示 100 万元现金，但如果次日需支付 80 万元货款，则实际可灵活调用的资金仅为 20 万元。若财务 BP 仅向管理层汇报账面总额，而忽略资金的实际可用性，就可能导致决策失误。因此，对于现金流紧张的企业而言，科学编制资金计划、精准预测资金需求至关重要，其可确保企业运营的稳健性和可持续性。

4. 缺钱怎么融资

企业经营者通常不会仅依赖自有资金维持运营，在面临资金缺口时，往往会通过银行贷款等融资渠道筹措资金,并巧妙运用财务杠杆效应以放大资本效益,从而优化资源配置并提升经营效率。

与资金缺口需要通过融资来填补类似,业务活动推进中往往也面临各项资源短缺的困境。在企业内部,业务拓展需要人力、物力和财力的协同支持。与融资方案的选择过程相仿,作为财务 BP,当业务部门面临资源短缺时,需要从多维度制定解决方案,如通过调整现有预算结构,优先保障关键业务需求;整合内部闲置资源,或通过协作机制实现资源共享等。其核心职责在于积极争取和协调各项资源,保障业务顺利开展,并推动业务目标达成。

5. 有钱怎么投资

企业投资决策不仅在于实体资产或金融资产配置,更体现在将有限资源优化配置于高回报业务单元的战略性投入,如市场营销费用等经营性投资。此类投资决策同样需要严格遵循投入产出效益原则,通过翔实的数据论证,确保资金流向最具盈利潜力的业务板块。在此过程中,财务 BP 需深度参与投资效益测算,为资源配置提供专业支持。

在预算约束条件下,企业必须建立科学的资源分配机制。如果业务年度营销预算难以覆盖全部业务需求,财务 BP 就应协同业务部门对各需求方案进行投入产出分析,并编制具有说服力的投资回报分析报表。通过专业分析证明资源配置的合理性,确保每单位投入都能创造最大价值。

在构建业务口径的财务报表及开展经营分析工作的过程中,财务 BP 应当建立起与业务部门常态化沟通的工作机制。通过这一机制,财务 BP 能够持续地收集来自业务部门的反馈意见,并依据这些意见对报表体系进行不断的迭代优化,确保报表体系能够与业务的动态发展保持适配性,同时具备数据时效性及分析指导性。只有持续不断地对管理报表进行优化,才能产出具有决策参考价值的分析成果。

第二节 预算可不是拍脑袋

在企业运营的诸多事务中，预算工作无疑占据着至关重要的地位。预算不是一个简单的财务数字规划，它是企业战略具象化呈现的关键环节。从业务与财务融合的角度来看，预算是业财融合的起点。同时，预算也为业务部门和财务部门提供了一个共同的沟通平台和协作基础，使得双方能够在企业战略目标的指引下，协同工作、相互配合，共同推动业务的发展。正因如此，无论是何种类型的企业，在其财务 BP 岗位的职责设定中，都有一项极为重要的内容，即预算的编制工作。这一职责不仅需要财务 BP 具备扎实的财务专业素养，还需要拥有良好的沟通协调能力和敏锐的市场洞察力，以确保预算方案能够准确反映企业的战略目标，并为业务发展提供有力的支持。

一、预算编制并不复杂

在笔者看来，预算编制并非一项极为复杂、高深莫测的工作。如前文所述，业财融合强调业务与财务之间的紧密联系，这种关系恰似夫妻之间的相互依存与协作。而在这一领域，存在着一类堪称"天选之人"的特殊群体——宝妈。她们即便不具备财务专业背景，也能出色地完成家庭预算的编制工作。究其原因，在于管理一个家庭与管理一家企业在底层逻辑上存在诸多相通之处。

案例

在家庭预算管理中，宝妈（财务 BP）凭借兼顾家庭与事业的双重管理能力，展现出卓越的统筹智慧。她能够精准把握伴侣（业务人员）的能力与需求。

第三篇 财务BP：稀缺与价值

作为家庭经济支柱的丈夫，每月将全部收入（业绩成果）交由宝妈统一调配。宝妈以专业管理思维，平衡管控与灵活性：既严格把控家庭财务全局，又为丈夫保留适度自主空间，如偶尔的消遣或社交（业务自由度）；同时，及时提醒其保持务实作风，规避冒进风险，实现家庭资源的安全与高效运作。

在年度预算规划中，宝妈精心布局，将家庭收支全盘纳入考量：从购房、购车等重大资产配置（固定资产投资），到水电气费用等固定支出，再到日常开支与人情往来，无不体现其卓越的预算拆解能力。家庭经济宽裕时，她更会巧妙制订旅行计划，精挑目的地并规划行程（方案选定），在平衡收支之余，为生活注入品质与温度，尽显持家智慧。

在孩子教育领域，宝妈同样展现出超凡的项目管理才能。她精准评估孩子天赋（项目可行性分析），为孩子选择最合适的兴趣班并全程监督学习进程（项目执行监管）。面对孩子潜能不符合预期的情况，宝妈能迅速调整策略，避免资源浪费（损失控制），其灵活应变的能力令人钦佩。养娃之路充满未知，宝妈凭借敏锐的洞察力和灵活的调整策略，确保了家庭教育投资的最大化收益。

协调家庭内部关系，也是宝妈不可或缺的核心能力。面对公婆（业务高管）和父母（财务高管）的不同意见，宝妈会坚持原则，综合考虑家庭经济实力和抗风险能力，做出最符合家庭利益的决策。尽管公婆和父母可能提供一定支持（资源协助），但宝妈深刻理解杯水车薪的道理，更倾向于亲自上阵，确保家庭管理的自主性和灵活性。

对于家庭剩余资金的运用，宝妈展现出精准的投资眼光。无论是投资理财产品还是购置商铺收取租金（投资拓展），她都能把握市场脉搏。而当家庭面临资金不足却需大额支出时，宝妈会谨慎权衡各种融资方式（融资策略），如向亲友借款或向银行贷款，同时仔细评估融资成本和家庭现金流状况，确保家庭财务稳健且可持续。

以上案例映射至企业预算编制场景，可概括为：业务部门扮演主导角色，依据市场调研与企业战略，规划下一年度的行动方案；而财务 BP，作为有力辅助，在业务框架既定的基础上，对各类数据和信息进行精细整合，并细化为具体的收入、成本及费用预算。然而，这并不意味着财务 BP 仅局限在数据整理与报表编制的狭隘范畴。相反，作为财务 BP，必须全面深入地理解业务活动的本质与企业战略的核心，这样才能确保预算方案具备合理性与可操作性，并成为指导业务前行的有力参考。

二、规避传统预算编制的误区

目前，在企业预算管理实践中普遍存在两种典型的预算编制误区。这些误区的存在不仅降低了预算编制效率，更严重影响了预算管理目标的实现。作为财务 BP，需要深刻认识并规避这些误区，同时通过有效的跨部门沟通与协作，引导业务重视预算管理。唯有如此，才能确保预算工作真正落地见效，从而为企业经营提供有效的风险管控支撑和业绩提升保障。

误区一：将预算视为财务部门的专属事务

部分企业将预算编制简单等同于财务任务，认为其仅服务于财务部门的流程需求。业务部门在此过程中缺乏主动参与意识，数据提交时未经过基本逻辑校验，导致信息准确性与可用性不足。当财务部门基于历史数据与专业经验指出预算合理性问题并要求复核时，业务部门却将其视为"额外负担"，认为配合完成预算已尽责任。此类企业中，预算编制沦为形式化流程，成果很少被重视，更没有后续分析与考核机制。长期来看，预算失去实际价值，逐渐成为"可有可无"的冗余环节。

误区二："拍脑袋"式预算

另一种典型误区是主观经验主导的预算制定模式。即便在集团化企业或上市企业中，部分业务部门仍沿用高层经验判断或历史惯性直接下达预算指标，缺乏对市场环境、业务目标及资源匹配度的系统性分析。此类"拍脑袋"决策往往导致预算与实际脱节，执行过程中频繁调整，最终削弱预算的权威性与指导意义。

案例

某公司财务部门核算出去年收入与利润后，公司高层直接将去年收入1亿元、利润800万元作为基准，要求今年业绩增长50%（目标1.5亿元），并层层分解至各业务部门（A业务部1亿元、B业务部5 000万元）。目标下达时，并未结合市场环境变化（如行业增速放缓、竞争格局加剧）及各业务单元实际产能，仅以数字增长为导向。

随后，各部门按收入指标倒推费用预算，并层层上报。A业务部申请差旅费100万元、推广费200万元，但因高层认为"成本过高"，费用被压缩至差旅费80万元、推广费150万元，且未说明压缩依据。在此过程中，财务BP仅负责汇总数据、调整报表，甚至出现季度经营期间多次修改预算的情况。最终，实际执行与预算偏差率超30%，收入达成率仅60%，差异分析也因初始目标脱离实际而流于形式。

该案例是典型的"拍脑袋"预算模式。管理层单方面设定高增长目标，却未匹配资源投入，亦未评估行业增速放缓、竞品挤压等外部风险。业务部门在缺乏增量资源支持下，即便超负荷运作，实际完成率仍达不到目标。此类预算不仅丧失参考价值，更挫伤员工积极性，引发执行扭曲（如短期透支、数据造假）或消极应对（如躺平），最终损害企业长期利益。

三、预算不只是数字，更是行动指南

在识别预算误区的基础上，财务BP应当充分发挥专业价值，推动企业

建立科学有效的预算编制机制。具体而言，预算编制应当以市场趋势为基石，以客户需求为核心导向，并结合企业实际业务模式进行精细化测算。在此过程中，财务 BP 应协助业务部门深入剖析数据背后的业务逻辑，确保预算制定的科学性和可落地性，并基于财务视角，帮助业务部门优化资源配置，使预算与企业战略目标高度匹配。最终，将预算数字转化为清晰的行动指南，为业务部门提供可执行的指引，确保预算目标有效达成。

案例

某电商公司在编制下一年度预算时，为了使预算更加精准清晰，该公司的财务 BP 基于对业务模式的了解，根据不同的销售渠道进行预算编制——B 端（平台供货）和 C 端（自营店铺），并采取差异化的预算逻辑。

1. B 端模式：以平台采购量为核心

在 B 端模式下，公司的销售量主要由合作平台的采购量决定。平台作为客户方，其需求直接影响 B 端业务的销售业绩。因此，在编制预算前，财务 BP 连同业务部门与平台方进行了充分沟通，明确下一年度的采购计划，包括采购品类、数量及价格。由于平台采购并非公司单方面可控，这一过程往往涉及商务谈判，而非简单预测。例如，公司希望增加供货品类，就需评估平台的采购意愿，并协商合理的采购量。在确定平台采购量后，结合商品售价、采购成本及平台扣点等因素，财务 BP 测算出了 B 端的销售收入与销售成本，形成初步预算框架。

2. C 端模式：以营销投入驱动增长

与 B 端不同，C 端模式的销售增长更依赖公司的主动运营。预算编制时，财务 BP 结合历史数据，分析出营销投入（如广告、直播、促销活动）与销量增长的关联性，并建立 ROI 模型。基于该模型，财务 BP 对业务提报的预算数据进行了逻辑校验，确保了数据的准确性。例如，公司计划下一年提升

20%的销售额，市场部门据此提出增加300万元的营销费用，而财务BP则测算出需要增加500万元的费用才能确保目标达成。若目标过高而预算不足，或投入产出比失衡，财务BP就需与业务协作调整策略。在确定合理的销售增长目标后，结合客单价、商品成本及物流费用等，即可推算出C端的收入与成本结构。

上述预算规划不仅是数字层面的测算，更是一系列待实施的行动计划。若缺乏具体行动方案，即便预算数字再精准，也难以助力业绩提升。

四、预算重在资源分配

预算的核心，在于明晰企业一年内重要工作的具体施行路径，确保业务在持续发展中稳健增长，同时构筑抵御风险的坚实壁垒。为实现此目标，企业必须在资源分配上审慎权衡，将人力、物力精准投入最具价值的项目，切勿既希望马儿跑，又不给马儿吃草。

在资源分配过程中，财务BP需要充分发挥专业价值，通过科学的投入产出比测算和战略分析，为企业构建最优的资源分配方案。通过这些专业工作，财务BP可以将"既希望马儿跑，又不给马儿吃草"的矛盾转化为"好钢用在刀刃上"的解决方案，支撑预算从数字转化为行动，从计划落地为成果。

以电商行业为例，其爆款现象极为显著，单个SKU有时便能撑起品类80%~90%的销售业绩。与服装电商的多样化策略不同，生鲜电商面临产品同质化困境（如鸡腿等标品），价格差异微小、卖点趋同，所谓创新多为营销包装。打造爆款产品，需要高额流量投放（单次活动成本5万元至10万元），而生鲜产品的低毛利率特性进一步压缩了利润空间。因此，市场部门需要基于财务BP的测算精准选品，集中资源主推最具潜力的爆款候选产品；销售部门也要协同发力，配合主推。至于何种产品适合打造爆款、投入产出比最优，则需要依赖财务 BP 的深入分析来支持决策。

五、预算的落脚点是考核和激励

预算管理的核心闭环在于对人员进行考核与激励。如何理解这一点呢？作为经济活动的执行主体，员工行为受利益导向影响，企业需要以科学的考核标准与合理的激励措施引导其行动方向，从而激发组织活力。若预算目标与个人绩效脱钩、奖惩规则失当，则易引发短期行为或动力缺失，最终削弱预算执行效力。

不少企业在设定考核目标时，经常存在部门间目标冲突的现象。例如，业务部门追求业绩增长无可厚非，财务部门注重风险控制亦属职责所在。然而，若两个部门缺乏有效沟通与协作，便可能导致业务部门过于激进，给企业带来潜在风险；或财务部门过于保守，阻碍业务发展。

作为业务与财务的纽带，财务 BP 凭借其独特的双重专业视角，在绩效考核体系优化中发挥着不可替代的作用。例如，传统的总收入、总成本考核模式往往掩盖了各业务单元的真实利润贡献差异，而财务 BP 可以通过建立精细化的核算体系，协助人力资源部门重构绩效考核指标，在销售额基础上增设毛利率、回款率、费用效能等多维度评价指标，并设计科学的加权计算规则。这样既能避免业务部门为追求短期业绩而过度冒险，又能防止财务部门因过度保守而错失发展机遇，从而引导员工做出更符合企业整体利益的决策。在这个过程中，各项指标的计算逻辑验证、数据准确性把控及业财口径的统一，都离不开财务 BP 的专业支持与质量把关。

案例

某电商公司长期存在"平进平出"业务（如跨平台调货），此类业务虽不创造利润，甚至因税率差异导致税负增加，但销售人员仍频繁操作。究其根源，在于现行考核机制仅以销售额为评价标准，完全忽视利润贡献与税务成本。若按渠道/平台划分独立利润中心，核算毛利率、税负及净利率，则可清晰暴露问题：

A平台：销售额1000万元，但物流成本高、税率无优惠，净利润率仅为1%。

B平台：销售额800万元，但税负低、费用可控，净利润率达5%。

鉴于此，财务BP与业务部门紧密合作，将利润指标（毛利率、净利率）纳入销售考核体系，通过业财协同优化资源分配，淘汰低效业务，从而推动该公司实现利益最大化。

资源有限，欲望无限，这是永恒的矛盾。财务BP要做的，就是与业务协同合作，通过精准的预算规划，将有限的资源精准投放于投入产出比最优的业务领域。只有这样，企业才可以轻松实现"开源节流"，稳健发展。

第三节 合同审核审什么

财务BP承担的岗位职责范畴内，合同审核也是极为重要的工作内容之一。若将预算视为业财融合的起点（属于事前控制环节），那么在业务具体推进与执行的过程中，合同审核无疑是业财融合的重要构成部分，发挥着事中监督的关键作用。然而，很多企业在运营过程中，尚未充分认识到财务在合同审核环节中的重要性。部分企业片面地认为，只要有法务部门对合同进行审核便已足够，甚至部分企业连专职法务都未设立，采取"作为供应商，缺乏议价权，客户合同只能被动接受"的消极态度。这种粗放模式在业务开展顺利时看似可行，但一旦发生纠纷或风险事件（如账期延长、违约条款、隐性成本），企业将面临难以承受的损失。

一、财务审核合同的价值和意义

合同一经签署，便意味着企业需严格履行相应的义务，并依法享有应有的权益。对合同进行全面且细致的审核，不仅能够在一定程度上保障业务的顺利推进，确保各项经营活动按照既定规划有序开展，同时也能有效维护企业自身的合法权益。当面临可能出现的违约情形时，经过严谨审核的合同将使企业在解决纠纷时做到有理有据，能够最大限度地降低损失。因此，无论企业的规模如何，都应当高度重视合同的审核工作。通过完善的审核机制和流程，尽可能降低在履约过程中可能面临的各类风险，为企业的稳健发展保驾护航。

在合同审核工作中，法务部门的参与不可或缺，这一点不难理解。法务人员在合同审核过程中，主要从法律专业的角度出发，依据相关法律法规和政策规定，对合同条款的合法性、合规性进行严格审查，重点关注合同主体资格、权利义务界定、违约责任设定等关键要点。

而作为财务 BP，在参与合同审核时，要充分彰显自身的专业价值。具体而言，需着力完成两个核心目标。

1. 有效防范财务风险

防范风险这一目标相对容易理解。财务 BP 凭借其专业知识和丰富经验，能够对合同中的财务条款进行深入分析，识别可能存在的财务风险点，如资金回收风险、成本超支风险等，并提出针对性的风险防控措施和建议。

2. 依法推进税务合规计划

在实务工作中，合同的税务合规计划至关重要。税务合规计划工作务必在业务发生之前进行精心规划和布局，若等到事后才试图采取补救措施，极有可能引发违法违规行为，给企业带来严重的法律后果。因此，在合同审核中，财务 BP 肩负重要职责，需以合规为根基、政策为指引，深度融入税务管理要求。根据《涉税专业服务管理办法（试行）》强调的"税务合规计划"原则，财务 BP 应聚焦以下核心任务。

（1）严控税务合规风险

确保合同条款符合税法规定，杜绝虚假交易、滥用税收优惠等行为，夯实纳税申报依据。

（2）精准运用税收政策

结合业务实质，优化交易架构（如合理选择交易模式）、明确价税条款、规划付款时点，提升税收优惠政策利用率。

（3）推动业财协同增效

通过合同条款的精细化设计，平衡风险防控与税负优化，助力企业实现合法节税与经济效益提升。

二、合同条款怎么审核

在具体的操作层面，应当如何对合同进行严谨且全面的审核呢？一般而言，需要从七个方面入手。

（一）签约对象

财务 BP 应对企业的合作对象展开全面且细致的审核。具体而言，需从合作方的基本情况、主体性质等多维度进行深入审查，并根据其主体性质的不同，科学评估潜在的信用风险与税务风险。

财务 BP 可基于合作方的履约能力及历史合作记录，提供专业分析与评价。对于新合作方，应通过国家企业信用信息公示系统核查其基础信息（如企业名称、统一社会信用代码等），核查经营范围是否与合同内容匹配，是否存在未了结纠纷，并关注注册资本规模、社保缴纳人数等关键数据。企业普遍期望与信誉良好的客户建立长期稳定合作关系。

此外，财务 BP 需明确区分合作方的主体性质（如有限责任公司、个体工商户或自然人），因不同主体在发票索取、适用税率等方面存在差异，这为税务合规计划提供了可行空间。例如，在邀请专家进行培训时，企业既可以选择直接与专家个人签订劳务合同，并依法代扣代缴个人所得税，也可以选择通过培训公司指派专家，将费用支付给培训公司，从而获取增值税专用发票用于进项税额抵扣。至于何种方式在税务处理上更为有利，则需要财务 BP 进行细致的测算与分析。

（二）企业方签约主体

在复杂多变的商业环境中，企业基于税务合规管理的战略需求，通常通过设立多个经营主体优化税务。例如，部分企业依法在税收政策优惠园区或符合条件的地区设立分、子公司，充分利用区域性税收差异和地方政策红利，实现税负合规合理降低。在合同审核中，财务 BP 要结合业务实质和税收政策规定，建议业务部门选择适配的经营主体签署协议，确保交易模式合法合规，助力企业实现税务成本优化与经营效益提升。

这不仅要求财务 BP 具备深厚的专业知识和丰富的实践经验，还需要能够紧跟国家税收政策的变化，及时优化税务合规方案，确保企业始终符合税法监管要求，稳固税务合规底线。

（三）合同标的

合同标的，即企业提供的产品与服务。企业首先需要对其产品与服务进行规范化定义与分类，明确适用税率，为税务合规管理提供基础。财务 BP 应基于业务实质及最新税收政策要求，协同业务部门优化合同条款设计，助力企业实现税务成本优化与风险防控的双重目标。

具体实施路径：强化业财协同机制，财务 BP 与业务部门需全程联动，确保交易模式符合税法规定，例如区分混合销售与兼营行为的税务处理；动态跟踪政策变化，密切关注增值税留抵退税、小微企业减税等政策变化，及时调整合同条款以适配优惠政策；严格把控合规底线，严禁通过虚构交易、人为拆分合同等手段规避税法规定，坚守"税务合规计划"原则。

（四）合同价款

合同价款的表述应以不含税金额为基准，并明确标注适用税率、税额及含税总价，确保计税依据清晰合规。例如，避免直接表述为"合同价款113元"，应规范描述为："××产品不含税价款为100元，适用13%税率，增值税额13元，含税总价款113元。"合同价款通常与计税依据保持一致，其直接影响企业税负，财务BP对此应予以特别关注。

若销售涉及折扣，企业可直接按折后价签订合同，或在合同中分列原价、折扣率及折后价，尤其对附条件折扣（如付款期限），需明确具体规则（如五日内付款享九折）。清晰表述有助于企业规避潜在风险，避免交易双方因价格理解分歧而产生争议。因此，财务BP对此要重点审核。

此外，在审核采购合同时，对于对方合同报价应予以重点关注，尤其是开展外贸业务的企业。财务BP需仔细甄别对方提供的报价是离岸价还是到岸价。如果汇率波动较大，则应尽量争取以到岸价成交，以有效控制自身风险。同时，对于采购过程中产生的税费、运费、保险费等明细费用，需要逐一清晰描述，以免未来因报价不明确而引发纠纷。

（五）合同发票

合同中需明确发票类型（增值税专用发票/普通发票）及开票时间。在实务工作中，税务机关通常以开票时间来确定企业纳税义务发生的时间，如果条件允许，财务BP应协同业务部门，优先约定"先收款后开票"模式，避免过早缴纳增值税而货款滞后回收的风险。同时，如果合同周期较长或涉及分期收款，需确保收款进度与开票节奏匹配，防止一次性全额开票，从而导致税负前置。

另外，发票时间直接影响应收账款的后续管理，财务人员通常以开票时间为节点开始计算应收账款的账龄。如果客户要求先开票再付款，那么财务 BP 就需要在发票开出时即关注对方的付款进度，对于超期账款要进行重点催收，防范坏账风险。

（六）结算条款

关于结算条款，财务 BP 主要从三个方面审核：付款主体、付款时间、结算方式。

1. 付款主体

大多数情况下，采购方与付款方通常一致，但实务工作中存在委托第三方支付的情形（如总公司代分公司付款）。此时，需在合同中明确付款主体身份，确保资金流、发票流、物流"三流一致"，避免因不符合税法要求而引发税务风险。

2. 付款时间

在实务工作中，"一手交钱一手交货"的情形比较少见。信用赊销、按进度分期付款或先预付部分款项再依据进度支付尾款等方式则较为常见。付款时间对企业资金流及对客户授信额度均产生重要影响。因此，该时间节点至关重要，必须明确约定，并且避免模糊表述引发争议。

案例

货物接收与付款时间争议

公司 A 与客户 B 签订合同，约定"客户 B 在收到货后 10 日内付款"。然而，对于"收到货"的时间标准并未明确约定。公司 A 认为，当货物送达客户 B 并签收时，即视为客户 B 已收到货物，应当开始计算付款时间。但客户 B 则认为，只有当货物在其系统中办理完入库手续后，才算真正收到货物。由于双方未能就"收到货"的时间达成一致，公司 A 在完成交货后，因客户 B 未及时办理入库而不被认为收到货物，从而无法按时收款。

发票签收与付款流程延误

公司 C 与客户 D 签订合同，约定"收到发票后 15 日内付款"。然而，由于发票尚未实现全部电子化，纸质发票需要快递邮寄。当快递员将发票送到客户 D 前台并确认签收后，负责付款流程的对接人员却未及时领取发票并办理付款。恰巧此时，对接人员出差不在，导致该笔款项被无意识地拖延。此外，对于"15 日"的描述是自然日还是工作日也未明确约定，这使得双方在时间层面上可能存在 5 天的误差。

长周期合同的分期付款与质保金回收

在某工程项目中，公司 E 与客户 F 签订了长周期合同，约定"分期付款"。然而，关于每个节点的付款时间描述并不明确，导致在执行过程中出现纠纷。此外，合同规定，用 10% 的合同价款作为质保金，要求产品或服务在验收合格并正常运营一段时间后再付款。但由于未约定最晚验收时间，当客户 F 因自身原因无法及时验收确认时，质保金的回收时间便被无限期拖延，给公司 E 造成很大的资金压力。

代理合同中的佣金支付争议

作为代理商，公司 G 与客户 H 签订了代理合同，约定"按照客户 H 与其他方之间的合同执行节奏来确认佣金"。然而，合同规定，当客户 H 收到全部货款时才支付佣金。这种看似合理的约定却存在漏洞：如果客户 H 只是少收了一元，他们也可以据此拒绝支付全部佣金。更有甚者，如果客户 H 自身不急于收款，就会无意识地拖延公司 G 的收款时间，使公司 G 处于非常被动的地位。

3. 结算方式

结算方式是合同执行过程中的关键环节，需要从财务视角进行专业把控。

（1）结算币种的确定

结算币种的确定至关重要，尤其对于涉及跨境交易的企业而言。财务 BP 需要充分评估不同币种的汇率波动对利润的影响，特别是在大额合同中，即使汇率微幅变动也可能导致财务损失。虽然企业无法左右汇率走势，但可以通过与结算银行协同，结合企业汇率管理政策，运用锁汇等金融衍生工具，有效对冲汇率风险。

（2）支付方式的选择

支付方式的选择直接影响资金周转效率。财务 BP 需要重点关注不同结算工具可能带来的资金占用问题。银行转账作为最直接的支付方式，其资金回笼效率最高；而信用证、承兑汇票等方式，虽然能够增强交易的便利性，但可能延长资金回收周期，增加隐性成本。在当前以买方为主导的市场环境下，业务部门往往更侧重业绩达成，而忽视支付方式隐含的财务风险。尽管财务部门未必拥有支付方式的最终决策权，但作为支持部门，财务 BP 应主动介入合同谈判环节，通过量化分析为业务决策提供依据。

案例

为避免资金占用问题，某公司通常倾向于直接收款。然而，在某些情况下，由于谈判力度不足，该公司不得不接受票据作为付款方式。如果该公司当前资金流紧张，还会考虑将票据进行贴现，但贴现手续费由该公司自行承担。这无疑增加了该公司的财务成本。

然而，当银行存款利率高于贴现率时，该公司就会选择主动接受汇票，并在合同中约定由客户承担贴现成本。对客户而言，此操作也有显著优势：直接支付 100 万元现金会占用其资金，因为如果按照 4% 的存款利率计算，100 万元本金在半年后可获得 2 万元利息（100 万元 × 4% × 0.5）；若选择开出 100 万元的半年期银行承兑汇票，且贴现成本仅为 1 万元，那么即使客户承担了这一成本,其实际收益仍为正数,并可额外获得 1 万元净收益(2 万元利息 − 1 万元贴现费)。这既降低了客户资金占用成本,又为企业优化了财务安排,实现共赢。

综上,财务 BP 应协同业务团队开展测算分析,设计共赢的结算方式,并通过向客户清晰阐释特定结算方式的收益优势(如减少资金占用成本),以增强客户的接受度。灵活选择结算方式,不仅能优化企业资金管理,还能提升谈判主动权,降低经营风险,进而增强企业的综合竞争力。

(七)特殊事项

1. 保证金与押金条款

特殊事项通常涉及保证金与押金条款,核心在于资金占用管理。如果合同涉及此类条款,需要重点审核保证金与押金的比例、占用期限及退还条件。例如,租赁场景中提前退租可能丧失押金,或质保金需在产品交付一年后无质量问题方可退还。在审核这些条款时,财务 BP 应深入剖析这些附带条件的合理性,避免因条款模糊导致退款争议,影响资金的顺利收回。

2. 违约金条款

违约金条款也是特殊事项的一种。如果合同涉及违约金条款,财务 BP 需精确测算违约成本,以评估一旦无法履约可能承受的损失。同时,应关注违约金的计算基数及其合理性。通常情况下,企业已付出的成本应得到合理补偿,且违约责任应该界定在合理范围内,确保双方责任对等,避免企业承担过重的赔偿责任。此外,违约条款的措辞也需谨慎斟酌,规避使用"承担所有损失""支付所有费用"等绝对化表述。对于因第三方原因导致的违约情形,应明确约定由第三方承担相应损失,或允许企业先行赔付再向第三方追偿。这些条款的审核,财务 BP 可以结合法务部门的专业意见,以确保合同执行风险得到有效控制。

综上，财务 BP 在合同审核中发挥着不可替代的专业价值。通过合同审核，财务 BP 能够有效识别潜在风险，在合同签署前落实风险管控措施，并协同业务部门开展合法合规的税务策略，从而确保在业务开展之初即筑牢风险防线，实现商业价值与风险管控的有机统一。

三、合同执行管理的审核

除了对合同条款的审核，站在支持业务的角度，财务 BP 还可以在以下五个方面对合同的执行进行相应的管理和控制。

1. 是否符合预算

在采购合同的审核中，预算合规性审查是财务 BP 的重要职责。对于预算范围内的常规采购事项，财务 BP 可以保持适度关注；但对于预算外采购需求，则需要及时介入，与业务部门充分沟通超预算采购的合理性。需要说明的是，法务部门的职责范畴仅限于合同条款的法律审查，预算管控职责自然落在财务 BP 肩上。

此外，业务发展具有动态性，预算外事项并非绝对禁止，关键在于深入理解业务实质需求，这正是业财融合的价值体现。一方面通过专业沟通，掌握业务动态；另一方面基于业务实际，及时优化资源配置方案。在此过程中，财务 BP 既要坚守预算管控的专业立场，又要保持与业务发展的协同性，在风险可控的前提下支持业务的合理需求。

2. 合同的利润

在审核合同时，法务部门通常不会深入考虑合同涉及的利润情况。毕竟，采购与销售隶属不同部门，各自签订的合同也相对独立。然而，财务 BP 则有能力将采购与销售两端的数据进行整合，从而对业务的业绩作出全面评价。如果某项业务在执行过程中，毛利率显著低于正常水平，甚至出现赔本情况，财务 BP 即可及时发出提醒。

同时，财务 BP 还可以借助采购与销售两端的资金流信息，对企业的现金流状况进行预判。如前文所述，商务谈判时可以在合同条款中争取一定的缓冲时间，以尽量确保企业在合同执行过程中产生正向的现金流，避免垫资情况的发生。因为一旦需要垫资，企业将承担相应的资金成本，从而导致合同的执行利润降低。

需要注意的是，财务 BP 每天需要审核的合同数量众多，仅凭记忆难以清晰记录所有业务数据。因此，为了在审核合同阶段能够对合同的预计执行利润有一个大致的估计，财务 BP 还需要借助系统来实现这一目标。

3. 管理权限

除了对合同条款本身进行细致审核，财务 BP 还应从内部控制的角度，对审批流程中的管理权限进行严格审查。通常情况下，企业会根据各级领导的职位与职责，设定相应的审批授权范围。对于涉及大额资金或具有重要战略意义的合同，往往需要 CEO 或董事长级别的高层领导进行最终审批。

然而，在实务工作中，部分业务部门可能会通过拆分合同的方式，来规避既定的审批流程与制度限制。具体而言，他们可能会将一项完整的业务需求拆分成多个看似独立但实际上相互关联的子合同，以此来降低每个子合同的金额或重要性，从而避开高层领导的审批。面对此类情况，财务 BP 需要保持高度的职业敏感度和警觉性。一旦发现业务部门存在拆分合同以规避审批的行为，财务 BP 应及时采取措施进行纠正。其中一种有效手段是，通过增设高层领导签字或审批环节（即"加签"），在原有审批流程基础上强化审查与监督，以确保所有拆分后的子合同均得到充分审核与风险管控。

当然，准确判断出业务部门是否进行了合同拆分，以及这种拆分是否合理合规，很大程度上取决于财务 BP 的专业素养和职业经验。财务 BP 需要熟悉业务流程、审批制度及相关法律法规，才能在复杂的业务场景中做出准确的判断。

4. 风控和效益的选择

在实务工作中，财务 BP 确实需要从其专业视角出发，严格把控合同执行过程中的潜在风险。然而，过分谨慎有时可能会对业务执行的效率产生不利影响。因此，财务 BP 必须在风险与效益之间进行权衡。实际上，这种权衡往往处于极为微妙的境地。如果财务 BP 在明知存在风险点的情况下仍选择执行合同，而后导致问题发生，那么其所承担的责任可大可小。反之，如果财务 BP 因不认可存在风险的条款，而坚持要求商务部门与对方重新谈判，那么在缺乏足够话语权与定价权的情况下，极有可能导致项目中途夭折，甚至彻底终止。

如何精准把握这一平衡点，事实上并无完美方案可言。但可以通过分享一个具体案例，来深入阐述这一观点。

案例

在某大型互联网公司，销售、法务及商务部门围绕一份合同的条款，产生了严重分歧，致使审批流程陷入长达半个月的僵局。为打破僵局，各部门决定召开紧急会议，并明确要求必须找到解决方案。

该合同涉及的客户群体是中小微企业。对于销售部门来说，拿下这份订单颇为不易，所以他们急于推进合同流程。然而，法务部门在审查时，对合同中的硬件设备及定制服务相关条款提出了异议，认为这些条款还需进一步斟酌和完善。尽管各方人员进行了长时间讨论，但因意见相左，谁都无法说服谁做出让步。

作为旁听者，财务 BP 凭借工作经验，说道："考虑到中小微企业的实际需求与资源限制，他们大概率只会选择我们的云产品，而不是成本较高的端产品。而且，他们的业务规模相对较小，复杂度有限，定制化服务可能并非必需。我建议把这些有争议的条款从合同里删除，再补充一条关于未来额外需求通过补充协议解决的条款，以便先推进合同流程。"

财务 BP 发完言后，会议室内陷入短暂沉默。随后，销售代表突然表示赞同："没错，就是这样！我们的标准合同模板对他们来说太复杂了，很多条款他们根本用不到，简化处理确实不错。"法务部门深思熟虑后，也认可了这个方案，认为这样调整不会带来额外风险，还能有效解决当前分歧。

最终，各部门很快达成共识，会议圆满结束。之后，该销售代表还特意邀请财务 BP 参加他们后续的业务例会，并在私下表达感激："在整个公司里，我觉得你是最懂我们业务的人。"

或许有人会对这个案例感到不解，甚至质疑为何这些专业人士如此"死板"。但实际上，随着企业规模的扩大和管理的规范化，每个员工的权责划分变得更加清晰，专业度要求也相应提高。这使得他们在发表专业意见时往往更加谨慎，从而在一定程度上牺牲了灵活性。此外，当一件事情涉及多个部门参与时，意见不合的情况时有发生，"当局者迷"的现象并不罕见。

5. 降本增效

在合同审核过程中，财务 BP 不仅能够确保条款的合规性与公平性，还可以借此契机深入挖掘降本增效的潜在管理空间。然而，要想真正实现这一目标，财务 BP 必须深刻理解业务执行过程的细节，甚至需要掌握一定的专业知识。这意味着，财务 BP 不能仅仅满足于对合同条款的表面审查，而要进一步深入业务执行层面，全面了解合同涉及的具体业务活动、流程及可能的成本驱动因素。通过这种方式，财务 BP 才能准确把握业务执行过程中可能存在的效率瓶颈或成本浪费点，从而提出针对性的改进建议或优化方案。

案例

某公司曾承接了一份国际运输合同，目的地为文莱。因客户对货物接收时效性要求极高，该公司为保证快速交付，决定采用空运方式，并将运输任务委托给第三方物流公司。然而，该公司与客户端均未对文莱当地机场的承载能力充分调研，也未要求货代公司提前做好准备，从而埋下隐患。

当装载大宗货物的飞机抵达文莱机场时，机场设施难以容纳大规模货物，致使货物无法一次性装卸完毕。该公司只能采取应急措施，把部分货物暂存于机场附近临时仓储设施，并紧急调整运输计划，考虑用其他运输方式继续转运。这不仅使得物流成本激增，仓储费、转运费及货物损耗等额外费用增加，还直接影响了客户收货时间，原本承诺的快速到岸服务延误，给客户带来不便与不满。

此次事件最终造成双输局面。对该公司来说，不仅承担了运输方式变更产生的所有额外费用，还损害了与客户的信任关系，影响了公司声誉和市场竞争力。对客户而言，除未如期收到货物外，还可能因货物晚到遭受生产线停滞、销售机会丧失等间接损失。

此案例深刻揭示了在合同执行过程中，对业务细节进行充分了解和准备的重要性。若案例中的企业在签订合同前，业务人员和财务BP能对文莱当地的相关设施、承载能力等关键信息进行全面调研，并根据这些信息选择更为合理的运输方式或制定应急预案，或许就能避免类似问题的发生。

合同审核是一项综合性极强的专业工作，对财务BP提出了多维度的能力要求。不仅需要扎实的财务功底，还需具备业务洞察力、法律理解力、商务谈判力，并对行业特性和企业的产品服务有深入的认知。这一工作性质决定了财务BP跨部门协作的必然性。财务BP需要与销售、法务、商务等部门保持高效沟通。由于各部门立场差异，参与方越多，达成共识的难度就越大，这也对财务 BP 的协调能力提出了更高要求。

值得注意的是，这类软性能力的培养无法通过传统学习或考证获得，也没有捷径可走，必须通过实务工作的持续积累与反思。在实践中总结经验、形成个性化的工作方法论，远比单纯完成任务更重要。

第四篇

战略财务：企业的内部咨询师

常言道，最有可能成为 CEO 的两类人：一类是销售，另一类便是财务。这种说法确实有其道理。毕竟，能够晋升到高管级别，成为战略财务，不仅要对业务和财务领域有着深入的认知，还得具备高瞻远瞩的战略眼光及卓越的管理能力。战略财务是企业财务管理的最高阶形态，聚焦于通过财务手段支持企业长期战略目标的制定与实施，强调价值创造和资源优化配置，其核心在于业财融合、降本增效、管理优化，以及前瞻性决策支持。本篇内容将基于笔者的认知范围，探讨财务高管能够承担的其他重要管理职责。

第七章

原来财务还可以做这些事儿

前文关于财务工作的探讨中,已经在传统核算型财务的基础上有了相当程度的拓展与延伸。本章内容,或许在部分财务专业人士看来,已经超越了财务工作的常规范畴,甚至可能认为这些并不属于财务应有的职责。然而,从更广泛的视角和更高的战略层面来看,这些工作其实由财务人员来承担更合适。

第一节 构建核决权限体系

财务经理的管理范畴通常局限于部门内部职责，而作为财务高管，其管理职能则需立足于企业全局，从战略高度审视运营过程中的系统性管理问题，并制定相应的优化与改革方案。需要强调的是，管理成本是企业运营成本的核心组成部分。因此，管理优化的根本目标在于实现企业降本增效的经营诉求。

一、阻碍企业高质量发展的四大管理难题

企业在运营管理过程中，普遍面临着诸多挑战，具体如下。

1. 决策机制混乱

决策机制混乱是一大突出问题。特别是小型企业，其决策流程随意性很大，常陷入"全员参与"的怪圈。例如，某小型公司计划拓展新业务，本应是市场部门与高层重点讨论的议题，却要求财务、人事等非直接相关部门中层全程参与。甚至在会议中途，CEO因临时需要财务意见，不顾财务人员手头紧急工作强行召其参会。这种看似民主的方式，实则造成人力与时间的巨大浪费，工作效率低下，反映出决策机制缺乏针对性与科学性。

2. 管理制度僵化滞后

管理制度僵化滞后也是企业面临的常见难题。部分企业为追求"完美管理"，频繁修订完善规章制度，却因业务发展迅速、市场环境多变，制度刚下发执行，业务模式已变。例如，某公司的制度文件更新频繁，员工包括中高层管理者都难以全面掌握，导致制度建设流于形式，耗费大量精力却未达

预期管理效果，无法有效规范与引导公司运营。

3. 权责边界模糊不清

权责边界模糊不清在众多企业中普遍存在。许多企业的中高层管理者在做重要决策时逃避责任，将问题上交，认为最终由股东拍板，出了问题也是股东承担后果。这使得管理者积极性与主动性被削弱，股东陷入琐碎事务，无法聚焦长远战略规划。合理的授权与管理层级设置缺失，导致中高层管理者角色尴尬，影响企业管理效能与决策质量。

4. 组织信任基础薄弱

股东与中高层管理者之间还存在信任危机，其严重影响企业发展。一方面，股东对中高层管理者能力存疑，惯于插手具体事务。另一方面，中高层管理者在缺乏信任支持下，倾向于做执行者而非决策者。如过度监控员工考勤、强制其提交详细工作报告，对团队极度不信任，长此以往，组织氛围压抑且缺乏活力，企业最终将走向衰败。

综上所述，决策混乱、制度僵化、责任不清及信任缺失这四大管理难题，若不加以解决，将严重阻碍企业健康发展。那么，针对这些问题，是否有切实可行的解决方案呢？

二、企业管理的基础框架——核决权限体系

从本质上说，核决权限体系是企业管理的"根本大法"，是所有制度流程的基础架构。对于企业而言，制度体系的完善是一个渐进的过程，但建立基础性的核决权限体系应是当务之急。因此，笔者建议，财务部门可以从内控管理视角出发，牵头组织各业务部门共同构建一套完整的权限框架体系。该体系需明确不同业务场景下的流程主体，包括事项发起人、审核人、参与人及审批人的权责边界，形成标准化的执行规范。

虽然企业的经营环境和业务形态持续变化，但核心决策事项具有相对稳

定性。因此，可以从基本面出发，针对常规业务事项建立清晰的核决权限指引，使中高层管理者明确各类事项的发起、参与和决策机制。在此框架下，可以进一步实施分级授权，将日常事务性审批下放至部门层面，CEO或董事长等仅保留重大事项及大额支出的决策权。此外，对于核决权限体系已明确规范的事项，各级员工按既定规则执行即可；对于需要进一步细化的特殊情形，则可在核决权限体系基础上制定配套制度，对专业术语或特殊要求进行补充说明，以确保制度的可执行性。

核决权限体系的设计可参考表7-1。需要说明的是，该示例中的业务项目系基于笔者实务工作经验设计，其具体内容可能无法完全适配各类企业的实际需求。建议参照表7-1的框架结构和设计逻辑，结合企业自身业务特点和管理要求进行针对性调整与完善。

表7-1 核决权限表示例

类别	业务项目	主办部门	部门员工	部门主管	部门经理	人力行政总监	财务总监	总裁	备注
1 行政事务管理									
1.1 公文管理									
1.1.1	集团对内发文（红头文件）	行政部							
1.1.2	集团对内发文（非红头文件）	行政部							
1.1.3	公司对外发文（政府/行政事业单位）	行政部							
1.1.4	公司对外发文（合作方/客户/供应商）	行政部							

续表

类 别		业务项目	主办部门	核决权限					
				部门员工	部门主管	部门经理	人力行政总监	财务总监	总 裁	备 注
1.2　印章管理									
1.2.1		公章/法人章：对外发文、重要通知等重大事项（关系公司重大利益，涉及费用支出）	财务部							
1.2.2		公章/法人章：对外发文、重要通知等重大事项（关系公司重大利益，不涉及费用支出）	财务部							
1.2.3		公章/法人章：用于申请、报告、证明、通知等一般事项（例行手续，不影响公司利益，涉及费用支出）	财务部							
1.2.4		公章/法人章：用于申请、报告、证明、通知等一般事项（例行手续，不影响公司利益，不涉及费用支出）	财务部							
1.2.5		合同章：用于公司对外签订合同	业务部							
1.2.6		人事章：用于公司对员工各项人事证明	人力资源部							
1.3　办公物资采购									
1.3.1		大额集中批量采购：单次采购价＞0.5万元	行政部							
1.3.2		低值易耗品、日常用品零星采购	行政部							
1.4　固定资产管理									
1.4.1		一般资产采购：0.5万元≤采购价值≤1万元	行政部							
1.4.2		贵重资产采购：采购价值＞1万元	行政部							
1.4.3		一般资产转借/调拨：0.5万元≤采购价值≤1万元	行政部							

续表

类别	业务项目	主办部门	部门员工	部门主管	部门经理	人力行政总监	财务总监	总裁	备注
			核决权限						
1.4.4	贵重资产转借/调拨：采购价值>1万元	行政部							
1.4.5	一般资产报废/处置：0.5万元≤采购价值≤1万元	行政部							
1.4.6	贵重资产报废/处置：采购价值>1万元	行政部							
1.4.7	资产盘点	行政部							
1.5 档案/证照管理									
1.5.1	非财务档案借阅（普密）	财务部							
1.5.2	非财务档案借阅（绝密）	财务部							
1.5.3	非财务档案借用（普密）	财务部							
1.5.4	非财务档案借用（绝密）	财务部							
1.5.5	公司证照资质借用	行政部							
2 IT规划及信息管理									
2.1 IT规划									
2.1.1	系统功能需求方案	技术部							
2.1.2	系统权限方案	技术部							
2.1.3	信息安全方案	技术部							
2.2 系统管理									
2.2.1	系统需求功能变更	技术部							
2.2.2	系统权限变更	技术部							
2.2.3	加密点变更	技术部							

续表

类 别	业务项目	主办部门	核决权限					备注
			部门员工	部门主管	部门经理	人力行政总监	财务总监	总裁	
2.3	IT验收和评价								
2.3.1	IT验收和评价方案	技术部							
2.3.2	IT验收和评价执行	技术部							
3	运营管理								
3.1	供应商采购评价								
3.1.1	IT咨询服务供方确定与合同签订	技术部							
3.1.2	法务咨询供方确定与合同签订	总裁办							
3.1.3	人力资源服务供方确定与合同签订	人力资源部							
3.1.4	审计、税务、投融资咨询服务供方确定与合同签订	财务部							
3.1.5	其他服务供方确定与合同签订	业务部							
3.2	战略计划管理								
3.2.1	集团战略发展目标	总裁办							
3.2.2	集团年度经营目标	总裁办							
3.2.3	集团年度投资计划	总裁办							
3.2.4	集团项目发展规划	项目部							
3.3	公司计划管理								
3.3.1	公司年度经营目标	运营部							
3.3.2	单项目发展目标	项目部							
3.3.3	部门年度/季度/月度工作计划	各级部门							

续表

类 别	业务项目	主办部门	核决权限						备 注
			部门员工	部门主管	部门经理	人力行政总监	财务总监	总 裁	
3.4 制度流程管理								
3.4.1	制度与流程的制定及颁布（重大变化或新增）	总裁办						
3.4.2	制度与流程文字与表单的修订（非重大变化）	行政部						
3.4.3	制度与流程的日常检查及建议提出	行政部						
4 人力资源管理								
4.1 组织管理								
4.1.1	集团各级公司组织架构设置	人力资源部						
4.1.2	集团各级公司组织架构调整	人力资源部						
4.1.3	员工手册编制与调整	人力资源部						
4.1.4	集团各级公司部门定岗、定编	人力资源部						
4.1.5	集团核决权限编制与调整	人力资源部/财务部						
4.2 员工招聘与录用								
4.2.1	集团年度人力资源需求计划与确定	人力资源部						
4.2.2	总经理、总监等高层管理人员的招聘与录用	人力资源部						
4.2.3	部门经理的招聘与录用	人力资源部						

续表

类别	业务项目	主办部门	核决权限						备注
			部门员工	部门主管	部门经理	人力行政总监	财务总监	总裁	
4.2.4	部门主管的招聘与录用	人力资源部							
4.2.5	员工级的招聘与录用	人力资源部							
4.3 人员任免、转正、辞退、内部调动									
4.3.1	总经理、总监等高层管理人员的任免、转正、辞退、内部调动	人力资源部							
4.3.2	部门经理的任免、转正、辞退、内部调动	人力资源部							
4.3.3	部门主管的任免、转正、辞退、内部调动	人力资源部							
4.3.4	员工级的任免、转正、辞退、内部调动	人力资源部							
4.3.5	五年以上老员工的辞退	人力资源部							
4.4 培训管理									
4.4.1	集团年度培训计划与预算（含项目/时间/费用）	人力资源部							
4.4.2	公司内部培训计划与执行	各级部门							
4.4.3	超预算或计划外培训项目	人力资源部							
4.5 绩效管理									
4.5.1	各垂直线绩效考核方案	人力资源部							
4.5.2	各部门绩效考核方案	各级部门							

续表

类别	业务项目	主办部门	部门员工	部门主管	部门经理	人力行政总监	财务总监	总裁	备注
4.5.3	总经理、总监等高层管理人员的绩效考核	人力资源部							
4.5.4	部门经理的绩效考核	各级部门							
4.5.5	部门主管的绩效考核	各级部门							
4.5.6	员工级的绩效考核	各级部门							
4.6 薪酬福利管理									
4.6.1	集团薪酬福利管理制度	人力资源部							
4.6.2	集团各级公司薪酬福利计划与预算	人力资源部							
4.6.3	总经理、总监等高层管理人员的薪酬定级、调整	人力资源部							
4.6.4	部门经理的薪酬定级、调整	人力资源部							
4.6.5	部门主管的薪酬定级、调整	人力资源部							
4.6.6	员工级的薪酬定级、调整	人力资源部							
4.7 员工离职管理									
4.7.1	总经理、总监等高层管理人员的离职审批	人力资源部							
4.7.2	部门经理的离职审批	人力资源部							
4.7.3	部门主管的离职审批	人力资源部							

续表

类 别	业务项目	主办部门	核决权限						备 注
			部门员工	部门主管	部门经理	人力行政总监	财务总监	总 裁	
4.7.4	员工级的离职审批	人力资源部							
4.7.5	五年以上老员工的离职审批	人力资源部							
4.7.6	离职交接手续办理审批	人力资源部							
4.8 劳动合同签订									
4.8.1	首次劳动合同签订	人力资源部							
4.8.2	总经理、总监等高层管理人员劳动合同续签	人力资源部							
4.8.3	部门经理劳动合同续签	人力资源部							
4.8.4	部门主管劳动合同续签	人力资源部							
4.8.5	员工级劳动合同续签	人力资源部							
4.9 员工出差及请假									
4.9.1	短期出差：出差天数＜15天	各级部门							
4.9.2	长期出差：出差天数≥15天	各级部门							
4.9.3	短期请假：连续请假天数＜3天	各级部门							
4.9.4	长期请假：3天≤连续请假天数＜30天	各级部门							
4.9.5	特殊请假：连续请假天数≥30天	各级部门							

续表

类别	业务项目	主办部门	核决权限					备注
			部门员工	部门主管	部门经理	人力行政总监	财务总监	总裁
5 财务管理								
5.1 财务预算								
5.1.1	集团各级公司预算编制	各级部门							
5.1.2	集团各级公司预算调整	财务部							
5.1.3	集团各级公司预算外与超预算支出	各级部门							
5.2 资金计划与调拨								
5.2.1	集团年度现金管理方案	财务部							
5.2.2	集团月度资金计划与调拨方案	财务部							
5.2.3	集团资金存款收益方案	财务部							
5.2.4	无资金计划或超资金计划支出	各级部门							
5.2.5	集团及总部公司现金使用	各级部门							
5.2.6	分、子公司现金使用	各级部门							
5.3 融资管理								
5.3.1	集团年度融资计划制订与调整	财务部							
5.3.2	融资方案	财务部							
5.3.3	融资合同签订	财务部							
5.3.4	融资计划执行	财务部							
5.4 投资管理								
5.4.1	投资计划与方案	投资部							
5.4.2	投资测算及风险	投资部							
5.4.3	投后数据追踪和分析	投资部							

续表

类别	业务项目	主办部门	核决权限					备注
^	^	^	部门员工	部门主管	部门经理	人力行政总监	财务总监	总裁	^
5.5 税收管理									
5.5.1	税收政策学习与传达	财务部							
5.5.2	集团税务合规计划	财务部							
5.5.3	税款申报与缴纳	财务部							
5.5.4	税务事项办理	财务部							
5.6 账务与档案管理									
5.6.1	核算制度与管理制度的制定	财务部							
5.6.2	集团各公司结账与报表	财务部							
5.6.3	财务档案归档	财务部							
5.6.4	财务档案借阅（普密）	财务部							
5.6.5	财务档案借阅（绝密）	财务部							
5.6.6	财务档案借用（普密）	财务部							
5.6.7	财务档案借用（绝密）	财务部							
5.7 成本类合同付款									
5.7.1	成本类合同付款（不含质保金/押金）：付款金额＜10万元	业务部							
5.7.2	成本类合同付款（不含质保金/押金）：10万元≤付款金额≤100万元	业务部							
5.7.3	成本类合同付款（不含质保金/押金）：付款金额＞100万元	业务部							
5.7.4	成本类合同付款（不满足付款条件/特殊付款）：付款金额＜5万元	业务部							

续表

类别	业务项目	主办部门	部门员工	部门主管	部门经理	人力行政总监	财务总监	总裁	备注
5.7.5	成本类合同付款（不满足付款条件/特殊付款）：5万元≤付款金额≤50万元	业务部							
5.7.6	成本类合同付款（不满足付款条件/特殊付款）：付款金额>50万元	业务部							
5.7.7	业务合同质保金/押金付款	业务部							
5.7.8	行政事项合同质保金/押金付款	行政部							
5.8	费用类合同付款								
5.8.1	费用类合同付款：付款金额<1万元	业务部							
5.8.2	费用类合同付款：1万元≤付款金额≤10万元	业务部							
5.8.3	费用类合同付款：付款金额>10万元	业务部							
5.8.4	费用类合同付款（不满足付款条件/特殊付款）	业务部							
5.9	日常费用类支出管理								
5.9.1	付款报销制度的制定与调整	财务部							
5.9.2	费用付款：付款金额<0.5万元	各级部门							
5.9.3	费用付款：0.5万元≤付款金额≤1万元	各级部门							
5.9.4	费用付款：付款金额>1万元	各级部门							
6	项目管理								
6.1	项目可行性报告或调研报告	项目部							
6.2	项目风险评估	项目部							

续表

类别	业务项目	主办部门	核决权限						备注
			部门员工	部门主管	部门经理	人力行政总监	财务总监	总裁	
6.3	项目方案及立项	项目部							
6.4	项目合同文本制定与修订	项目部							
6.5	项目验收及结果反馈	项目部							
7 营销管理									
7.1 营销采购									
7.1.1	投标标书撰写和审查	业务部							
7.1.2	营销类合同签订：合同价＜10万元	业务部							
7.1.3	营销类合同签订：10万元≤合同价≤50万元	业务部							
7.1.4	营销类合同签订：合同价＞50万元	业务部							
7.1.5	招标文件资格审核	业务部							
7.1.6	营销类供方确定：预算价＜5万元	业务部							
7.1.7	营销类供方确定：5万元≤预算价≤10万元	业务部							
7.1.8	营销类供方确定：预算价＞10万元	业务部							
7.2 营销与产品									
7.2.1	产品选择与定位	市场部							
7.2.2	营销策划方案	市场部							
7.2.3	营销计划制订	市场部							
7.2.4	营销费用预算	市场部							

续表

类别	业务项目	主办部门	核决权限						备注
			部门员工	部门主管	部门经理	人力行政总监	财务总监	总裁	
7.3 销售价格体系									
7.3.1	价格体系制定	市场部							
7.3.2	促销及优惠方案	市场部							
7.3.3	特殊折扣申请	业务部							
7.4 销售资料审批									
7.4.1	销售合同范本制定	业务部							
7.4.2	销售合同签订（对外）	业务部							
7.4.3	销售合同签订（集团间公司）	业务部							
7.4.4	销售手册等销售物料	业务部							
7.5 销售变更									
7.5.1	退保证金/押金	业务部							
7.5.2	销售退款	业务部							
8 客户服务									
8.1	客户资料维护	客服部							
8.2	客户月报	客服部							
8.3	客户服务方案	客服部							
8.4	投诉意见处理	客服部							

权限备注：①办，发起流程或者办理具体事项。
②审，在权责范围内进行相关流程以及资料文件的审核。
③抄，抄送，告知。
④批，最终批准。

如何准确理解核决权限表呢？下面以员工请假这一常见事务为例进行详细说明。

案例

在某公司，设计了核决权限体系后，员工请假流程得到了显著优化。以往，员工请假需委托人事部门代为办理，流程烦琐且易出错。现在，主办部门明确为各级部门，员工产生请假需求时，可直接向所在部门发起请假请求。

员工请假请求发起后，后续的审批工作将依据请假的时长进行相应的授权安排。具体而言，对于短期请假，如3天以内，由部门主管直接审批。这是因为短期请假对部门整体工作的开展影响相对较小，部门主管作为直接管理者，对员工的工作情况和请假必要性有较为清晰的了解，能够做出合理的判断。

而对于长期请假，如超过3天，则需要更高层级的领导进行审批。这可能涉及经理，甚至在某些特殊情况下需要CEO的最终审批。长期请假可能对部门乃至公司的整体工作安排产生较大影响，因此需要更高层次的领导从全局角度进行综合考量和决策，确保公司运营的稳定性和连续性。

在请假审批过程中，人事部门虽然不直接参与审批，但扮演着至关重要的角色。人事部门需要及时掌握员工的请假情况，以便准确核对考勤记录。通过这种方式，人事部门不仅确保了该公司考勤管理的规范性和有序性，还为后续的薪酬计算、绩效评估等工作提供了准确的数据支持，有效提升了人力资源管理的整体水平。

该公司将员工请假事项纳入核决权限体系（见表7-2），清晰阐释了两个核心问题：一是授权范围，即明确规定了不同层级领导对于不同请假时长的审批权限；二是审批流程，详细展示了员工请假从发起请求到获得最终批准的整个流程及环节。

表 7-2　员工请假的核决权限表

类　别	业务项目	主办部门	核决权限					
^	^	^	部门员工	部门主管	部门经理	人力行政总监	财务总监	总　裁	备　注
4.9.3	短期请假：连续请假天数 < 3 天	各级部门	办	批		抄			
4.9.4	长期请假：3 天 ≤ 连续请假天数 < 30 天	各级部门	办	审	审	抄		批	

此外，若人事部门认为有必要进一步规范员工请假管理，还可以将员工请假的相关管理规定形成正式的制度文件，进行更详细的解释和说明。当然，在制定制度内容时，必须严格遵循核决权限体系设定的框架和原则，确保两者之间不存在矛盾之处，以保障公司管理的一致性和有效性。

核决权限体系也不是一成不变的，在企业管理的动态发展过程中，至少每年度末，管理层需共同对现行的核决权限体系进行全面且深入的研讨。重点审视在实际操作与业务发展需求下，现行核决权限体系是否存在需要优化调整之处，并根据研讨结果做出相应的修改。当核决权限体系完成调整后，与之对应的制度体系也应及时进行更新，以确保制度的有效性和适应性，使制度与调整后的核决权限紧密匹配、相辅相成。

根据核决权限体系，员工在开展工作时便拥有了清晰的行为准则与操作规范。在面对各类问题时，能够精准知晓哪些人员需要参与问题的解决，哪些人员可以对问题发表意见，以及最终由谁来做出关键决策。如此一来，工作中的混乱与无序便得以避免，工作效率和管理效能也得以有效提升。

三、为何核决权限体系的最佳制定主体是财务部门

核决权限体系的内容涵盖了企业运营过程中的各类事项。这个体系所承

载的职责与意义，并非仅仅局限于财务部门，而是涉及企业整体管理的多个层面与环节。那么，为何核决权限体系的最佳制定主体是财务部门呢？在笔者看来，可以从两个角度来理解其中的缘由。

1. 内控管理角度

所谓内控，落实到具体事项上，其核心体现便是授权与流程的科学设定。许多没有单独设立内控部门的企业，其财务部门往往承担着内控管理的职责。

在企业的日常运营中，每一个决策、每一项操作都需要明确的授权主体及与之相匹配的规范流程，以确保各项活动都在可控的范围内有序开展。而财务部门，凭借其职业敏感度及对数据信息的掌握，能够在构建核决权限体系时，精准梳理出各个环节的授权层级与流程规范。

2. 风险控制角度

风险控制是企业可持续发展过程中不可或缺的关键环节，其中涵盖了财税风险、经营风险等方面。在现实情况中，有些企业会设立专门的风控部门来全面负责风险控制工作。然而，对于那些尚未设置专职风控岗位的企业来说，财务部门往往承担起了风险控制的重任。财务人员通过运用专业的财务分析方法和风险管理工具，能够识别潜在的风控问题并加以解决，把隐患消除在萌芽状态。

以核决权限体系作为工作指引，在执行层面，财务部门便能够做到有的放矢。无论是日常的财务核算、资金调配工作，还是参与企业重大决策、项目评估过程，财务人员都能够依据该体系中明确的各项标准和流程，更加高效、准确地履行职责，减少因职责不清、流程混乱而导致的不必要的扯皮现象。

案例

某公司有一项涉及金额较大的合同付款事宜。既定的核决权限体系明确规定，此类大金额的合同付款需要经过 CEO 亲自审批方可执行。

业务部门出于项目紧急推进的需求,希望财务部门能够尽快完成该合同付款,以免影响项目的进度。而此时 CEO 正处于飞机飞行期间,无法及时进行审批操作。面对这一棘手情况,该公司的核决权限机制展现出了高度的灵活性。在制定核决权限体系时,财务总监就已经考虑到了可能出现的特殊情况。CEO 在无法亲自履行审批职责的情况下,可以事先在核决权限体系内进行特殊情况的授权。例如,在此种情况下,CEO 授权由分管副总裁联合其他相关部门负责人共同进行审批。

于是,分管副总裁迅速组织相关人员对合同付款事项进行了仔细的审核和评估,在确认符合公司利益和相关规定的前提下,顺利完成了审批流程。也就是,在计划 A(CEO 正常审批)行不通时,顺利执行了计划 B(特殊情况下的授权审批)。这样既保证了业务的顺利推进,又维护了公司核决权限体系的严肃性和权威性。

通过案例可见,只要核决权限明确了做事规则,并能依据实际情况合理调整与授权,就能在确保企业管理规范的同时,灵活应对复杂多变的业务需求。

第二节　优化流程管理

在激烈的市场竞争中,企业运营效率直接影响其核心竞争力。流程管理作为提升企业效能的协同机制,通过标准化信息传递和规范化协作流程,能够有效消除部门壁垒,降低内部沟通损耗。在这个过程中,财务发挥着独特的价值创造作用,例如识别流程中的隐性成本,区分增值与非增值活动;运用量化评估方法，将资源集中配置在效益最高的关键环节；同时，通过流程数据的财务建模，实现运营效率的可视化管理。此外，财务还能将风险预警机制嵌入业务流程，为企业构建多层次的运营保障体系。这种业财融合的流程优化模式，不仅可以显著提升资源配置效率，更能有效降低因信息不对称和协调不畅产生的管理成本，尤其是沟通成本。

一、沟通成本的问题

在企业运营过程中，沟通成本往往是最容易被忽视却又最具破坏性的隐性成本之一，约70%的管理问题都直接或间接地源于沟通不畅。这不仅造成了巨大的资源浪费，更严重制约了组织效能的提升。作为企业价值的守护者，财务必须首先深刻理解沟通成本的危害性，通过专业的成本识别方法，精准定位跨部门协作、信息传递等关键环节中的沟通成本因素，进而提出系统化的解决方案。但令人担忧的是，大多数财务高管往往将注意力集中在原材料、人力等显性成本的管控上，对这一"看不见的成本黑洞"缺乏足够的认知和重视，也未能建立有效的管理机制。

1. 沟通成本过大

沟通看似平常，实则对企业的发展有着至关重要的影响。从实际运作层面来看，每一次有效的沟通活动，至少都涉及两方人员。当一方人员为了阐述某个项目方案、汇报工作进展或者传达重要决策而进行沟通时，若这个过程花费了一个小时，那么作为倾听方的人员同样也需要投入整整一个小时来接收和理解这些信息。这看似简单的时间投入，背后却隐藏着巨大的成本。若沟通不畅，导致信息误解、任务执行出现偏差等情况发生，还可能引发一系列后续问题，如工作效率低下、团队协作矛盾等，这些都将对企业的正常运转产生更为深远的负面影响。

案例

某公司使用的财务系统用户站点费用高昂，基于这一成本考量，该公司在内部设置了专门的提单助理岗位，销售人员自此不再负责提单工作，统一由该助理执行提单操作。然而，这一安排引发了一系列沟通问题。当单据提交至财务部门进行审批后，销售人员并不知晓后续流程的进展情况，于是便向助理询问，助理转而向财务人员了解情况，财务人员告知助理后再由助理转达给销售人员。如此这般，一来一回需要进行多次沟通，员工将大量时间耗费于沟通环节，真正专注于本职工作的时间被大幅压缩，这无疑产生了大量的沟通成本，导致工作效率大打折扣。

另外，该公司拥有 20 多个业务主体，除北京总部外，还在外地设立了一个财务共享中心。在给客户开票的工作分配上，一部分由北京总部负责处理，另一部分则由财务共享中心承担。当销售团队有开票需求时，按照既定流程，应在财务系统中由助理发起应收单据以推进发票开具工作。然而，助理在完成开票操作后，对后续流程进展缺乏足够的关注与跟进意识。而销售团队因业务需求迫切，急需了解发票开具及领取情况，故而每天不得不花费大量精力疲于确认诸如单据是否已提交、发票是否已开具、发票是否已领取等诸多事宜，极大影响了整体工作效率与团队协作氛围。

可见，案例中的企业在沟通流程和工作安排上存在诸多不合理之处，导致了极高的沟通成本和低下的工作效率。

2. 沟通链条过长

在企业运营与管理的复杂体系中，沟通链条的长度直接影响着信息传递的效率与质量。一旦沟通链条过长，便如同在信息的传递路径上设置了重重关卡，无形之中给身处业务执行前端的一线员工带来巨大的工作压力。信息在层层传递过程中，极易出现失真、延误及不完整的情况。作为业务执行的前端力量，一线员工对准确、及时的信息有着极为迫切的需求。他们需要依据清晰明确的指令和全面的信息来开展工作，以确保各项任务能够高效、高质量完成。然而，过长的沟通链条使得信息在经过多个节点的传递后，往往偏离了最初的本意或者变得模糊不清。一线员工不得不花费额外的时间和精力去反复核实信息的准确性，重新确认工作的细节和要求，这无疑增加了他们在工作中的认知负担和心理压力。

此外，由于沟通链条过长，信息反馈的时效性也难以保证。一线员工在工作中遇到的问题和困难，需要沿着漫长的沟通链条逐级向上反映。在此过程中，各层级间沟通不畅、信息积压及处理优先级安排不当等问题，均可能致使问题无法得到及时有效的解决。一线员工只能在问题未得到解决的情况下继续推进工作，从而增加了工作的难度和不确定性。

案例

某公司 CEO 为了及时掌握公司的财务状况，以便做出后续的经营决策，要求财务部门在月底出具一份详细的财务报表。

财务总监根据自己对工作时间的预估及部门的工作流程安排，认为按时完成这份报表，需要各部门紧密配合且时间安排紧凑。于是，其进一步明确了时间节点，要求财务经理务必在本月 25 日将相关数据和初稿提交上来。

财务经理接到这项任务后，考虑到可能出现的一些突发情况，以及数据核对过程中可能遇到的问题，为了避免延误整个进度，便在向总账会计传达任务时，将完成时间提前至 15 日。而此时的总账会计，刚完成一轮烦琐的结账工作，面对财务经理下达的新任务，又不得不马不停蹄地投入新的工作。

每一个层级的管理者通常都会希望能够给自己所负责的工作留有一定的余地，以应对可能出现的变化和问题。这种想法本身无可厚非，毕竟每个人都希望工作能够顺利完成，避免出现差错和延误。然而，当这种层层加码、层层传导压力的情况不断延续，直至传递到基层员工那里时，原本合理的工作安排就逐渐发生了变化。对于基层员工而言，他们往往只能被动地接受不断压缩时间的任务，导致工作节奏被打乱，工作压力急剧增加。就像案例中的总账会计一样，刚完成一项重要工作，还来不及喘息，就要迎接新的紧急任务，长此以往，基层员工很难有足够的时间和精力去认真细致地完成每一项工作。

二、以流程管理降低沟通成本

基于前文对沟通成本危害性的分析，企业若要在管理优化和组织效能提升方面取得实质性突破，有效降低沟通成本势在必行。实现这一目标的关键在于推进"三化"建设：标准化、流程化与自动化。在这一系统性工程中，财务扮演着不可替代的重要角色：通过建立统一的数据标准和核算逻辑（标准化），消除各部门数据口径差异造成的沟通障碍；通过将跨部门协作中的审批、对账等关键环节纳入规范化流程（流程化），以清晰的权责界定和流程节点取代传统低效的人工沟通模式；更可通过引入机器人流程自动化（RPA）、智能对账系统等创新工具（自动化），显著减少人工操作环节带来的沟通成本。这种由财务主导的"三化"建设，正成为现代企业提升运营效率的重要突破口。诚然，仅靠这些方式无法彻底解决所有问题，但对于众多细微事务而言，通过流程管理能够节省时间，从而有效提升工作效率。

企业面临的问题复杂多样，不可能在短时间内全部得到解决，任何改革措施都不应采取激进的"一刀切"模式。毕竟，即便企业存在各种问题，它依然能够实现盈利并在市场中持续立足。所以，流程管理应当从小事着手，循序渐进地加以改善，通过积累点滴成果来推动整体的提升。例如，在传统认知中，审批流程通常被视为针对具体事项的审核程序，要求审批节点相关人员出具审核意见或进行确认。然而，流程节点实际上亦可承担工作完成的确认功能，或通过信息抄送机制实现相关人员的资讯同步。

案例

针对上文"沟通成本过大"案例中的问题，财务人员张某采取了一系列行之有效的措施。

首先，张某对公司现有的工具和系统进行了全面梳理，秉持着节约成本的原则，力求最大化利用现有系统的效能。考虑到全员都在使用 HR 系统，且每位员工都拥有独立账号，该系统还支持自定义审批流程，并能进行简单的条件设定和权限分配。于是，张某决定基于此系统来优化开票流程。

接着，张某通过精心设计的流程（如图 7-1 所示）和逻辑判断，把与业务相关的人员紧密串联在一起。例如，当销售部门有开票需求时，能够在 HR 系统中发起开票流程，并详细填写开票的要求及类型。同时，将下一节点设置为助理审批，这一环节主要是为了确认助理已经收到开票申请，并且已经在财务系统中完成了相应单据的提交。如此一来，以往需要反复口头沟通的事情，通过这样一个简单的流程就得到了妥善处理。财务部门在收到流程后，便可以执行开票操作。过去发票开具后常常无人跟进其状态，而如今财务部门在完成开票后，同样设置一个审批节点，并利用抄送功能把开票完成的信息同步给销售部门及助理，方便他们及时掌握发票状态，并进行领取或者邮寄。

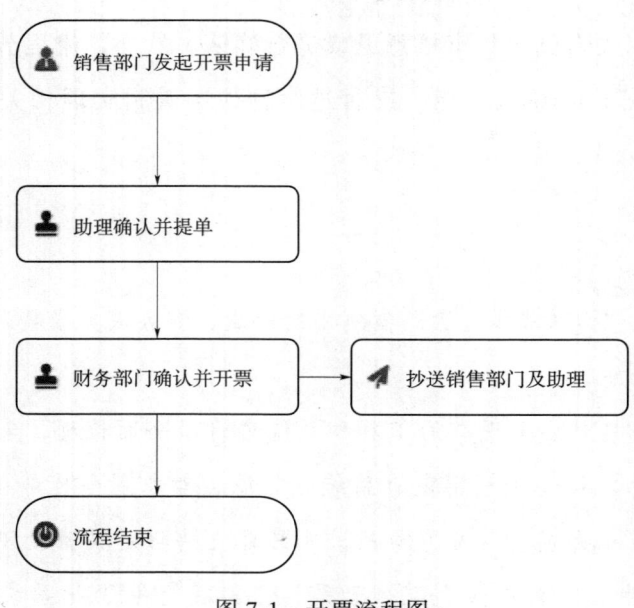

```
┌─────────────────────────┐
│ 销售部门发起开票申请      │
└─────────────────────────┘
            │
            ▼
┌─────────────────────────┐
│ 助理确认并提单           │
└─────────────────────────┘
            │
            ▼
┌─────────────────────────┐      ┌─────────────────────────┐
│ 财务部门确认并开票       │─────▶│ 抄送销售部门及助理       │
└─────────────────────────┘      └─────────────────────────┘
            │
            ▼
┌─────────────────────────┐
│ 流程结束                 │
└─────────────────────────┘
```

图 7-1 开票流程图

这种优化方案还有一个突出的优点，就是系统内这些流程数据能够以列表形式导出。这使得该公司可以轻松统计出每个月各个主体开具发票的数量、涉及金额及需要缴纳的税费等信息。以前这些数据需要财务部门逐个插入税控盘到税务系统里去查询，现在通过系统直接就能导出相关数据，极大提高了工作效率。

除了开票事务，总部财务部门还需要把收到的进项税发票信息同步给共享中心的财务人员进行账务处理，并且告知业务人员发票已经收到，可以提出付款申请了。为了避免在这些事务上耗费大量时间进行沟通协调，张某采用了和上述开票流程类似的处理方式，也就是将这项工作设置为一个流程（如图 7-2 所示），以此来实现信息的同步和共享。当总部收到发票后，财务部门会把发票拍照作为附件上传到系统中，并发起一个流程。这个流程会流转到销售部门和助理那里，让他们知晓发票已经收到。同时，助理也能在财务系统里提交付款申请并在流程中进行确认。当流程转到共享中心时，财务部门能够看到流程中的发票信息并做付款确认。最后，付款结果会通过抄送的方式同步给销售部门及助理，告知他们款项已经支付完成。这样一来，以前可能需要来回反复询问才能完成的事情，现在通过一个简单的流程就得到了圆满解决，业务部门和财务部门的工作效率都得到了显著提升。

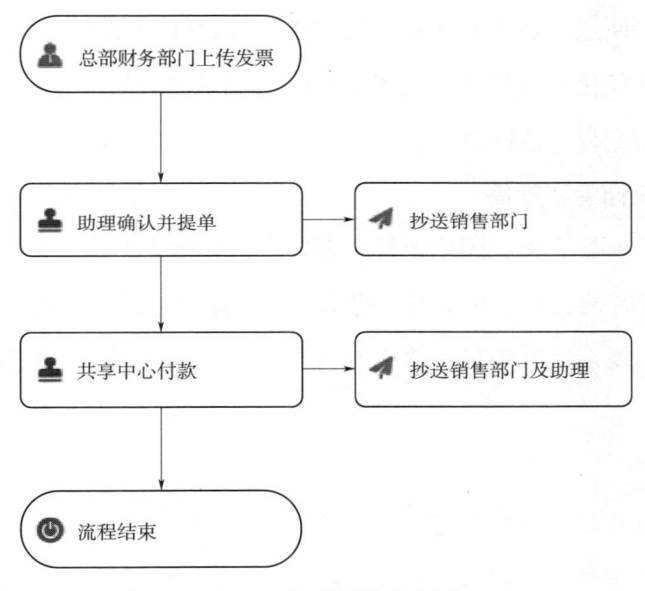

```
总部财务部门上传发票
        ↓
助理确认并提单 → 抄送销售部门
        ↓
共享中心付款 → 抄送销售部门及助理
        ↓
    流程结束
```

图 7-2　收票付款流程图

所谓流程管理，即将某一业务链路中的所有参与人员纳入特定流程，把各个工作节点设定为审批事项，明确相应的负责人，并赋予其审批权限与意义。通过流程的推进和传导，可以实现信息同步。在事后，还能够依据流程回溯整个业务的沟通过程，从而节省时间和精力。案例中的财务人员张某仅设置了两个相对简易的流程，就使得沟通事项大幅减少，极大降低了沟通成本。当然，并非所有事务都能借助流程来解决，这里只是提供一种思路。

三、通过科学设计优化流程管理

科学合理的流程管理，确实能够在很大程度上降低企业内部的各项管理成本。不过，要实现这一管理效益，财务高管在流程设计阶段就必须进行系统性思考。优秀的流程设计应当遵循"刚柔并济"的原则：一方面，要确保流程具有规范性，以此减少不必要的沟通摩擦；另一方面，还需保留一定的弹性空间，以便适应业务的变化。只有当流程设计兼顾了效率与灵活、规范与创新，才能优化流程管理，真正实现降低沟通成本的目标，而不至于陷入"为了流程而流程"的陷阱。

1. 流程设计需要精简

流程的引入与优化，固然能够显著提升工作效率并有效降低沟通成本，然而，事物皆有两面性。在某些特定情境下，特别是像集团化企业或"大厂"这类组织架构复杂的环境里，流程有时反而会成为延误工作的源头。

案例

在某集团公司，鉴于其庞大的规模及精细的分工模式，每个员工通常仅负责业务流程里极为微小的一个环节。当一项工作依照既定流程逐步推进时，涉及的参与者数量众多，少则有七八人，多则十余人或者更多。

如此众多的参与人员，极易引发一系列问题。财务总监通过流程效率分析发现，很多工作进度会因流程卡壳受到影响而变得异常缓慢。在流程当中，每个节点倘若因故耽搁一个小时，那么随着流程的推进，这些耽搁的时间累积起来，整个流程就可能会拖延长达十几个小时。为了确保业务能够按时完成，业务人员不得不时刻保持高度警觉，密切关注流程进展。一旦发现流程出现延误的情况，他们就四处奔走，去催促相关人员加快进度。原本流程的设计初衷是作为降低沟通成本的有效工具，然而在该公司，它不但没有发挥出应有的作用，反而给工作增加了额外的沟通负担。

鉴于此，在平衡内控要求与审批效率的基础上，该公司财务总监通过优化审批流程设计，将决策权限上移至经理级及以上管理层级，以精简冗余的审批环节。这一举措，不仅缩短了决策链条，更显著提升了整体运营效率。如通过量化分析发现，原先涉及多个审批节点的采购流程，经优化后平均审批时间缩短了40%，年度累计节省管理工时超过2 000小时。

流程中的风险把控，并不是审核人员越多就越保险，倘若整个流程中的审核人员都未能切实履行其审核职责，只是敷衍了事、"闭着眼睛"进行审批，那么即便审核人员众多，其实际效果与仅有两人认真审核相比，也并没有太大区别。而且，对于基层员工而言，他们无须介入流程审批；如果确有事项需要其知悉，可通过流程抄送的方式告知。他们的核心职责在于执行。只有确保人人明确自身职责，各司其职，才能实现效率的最大化。

2. 流程节点的权责需明确界定

有效的流程管理必须以明确清晰的权责划分为基础，在这个过程中，财务发挥着至关重要的架构设计作用——基于专业的风险管控视角，确保每个审批环节都精准对应着相应的经济责任和风险控制要点。通过这种精细化的权责匹配，确保各岗位人员对自身的审核边界和责任范围形成清晰认知，从而建立起高效运转的流程管理体系。

然而，很多企业虽设立了流程，但在设计之初，并未明确界定每位员工具体负责审批的环节或需要对哪些事项发表意见。因此，在实际运作中，要么遇到极为负责的员工，他们会仔细审查所有文件和条款，结果往往费时费力，甚至加班也难以完成；要么则遭遇不负责任的员工，他们认为自己后面还有主管、经理、总监等多层把关，自己的疏忽总会有他人察觉，从而对工作敷衍了事。一旦流程陷入这种状态，其效率自然大打折扣。而当问题真正出现时，不负责任的上级领导也往往会试图将责任推卸给下级员工。

案例

在某公司，付款复核人员的职责范围是核对付款信息的准确性，只要信息无误，就可以批准付款。在一次付款审批流程中，尽管所有前置审批环节都已顺利通过，且相关人员都在系统里完成了相应操作，但最终仍然出现了重复付款的问题。在事后的处理过程中，财务经理却要求付款复核人员和涉事出纳共同撰写报告并签字，试图将责任都归咎于执行层。

针对案例中的付款重复问题，首要之举无疑是全力追回款项。与此同时，必须深入挖掘问题产生的根源。比如，审批人员对自身的职责权限是否清晰，现有的审批系统是否有必要增加重复付款的警示功能等。解决问题才是重中之重，而不是简单地把责任都推诿给基层员工。

3. 流程设计需要允许不同的声音

流程设计不应是封闭的、单向的决策过程，而应建立一个允许不同声音参与的动态机制。针对具体事项，必须设定唯一的最终决策人，其职责在于综合各方意见后作出终审决定。在最终决策之前的各个环节审核人，都需要基于专业视角充分发表独立意见。流程的价值在于能够快速汇集跨部门的专业观点。各部门所提出的意见或许存在一定的局限性，但正是这种来自多角度的输入，为最终决策提供了不可或缺的参考依据。

然而，在流程设计方面，众多企业存在着这样一种现象：某个流程若要顺利推进，常常要求所有相关人员依次表示同意，缺一不可。这种设计的初衷或许是确保决策能够达成全面共识，并做好风险把控。然而，在实际运作过程中，可能因为其中一个人的异议，就致使整个流程陷入停滞状态，这严重影响了工作效率及决策时效性。

案例

某公司财务部门在对一份合同进行审核时，发现合同中的付款条款存在风险，于是建议业务部门与合作方沟通修改相关条款。然而，业务部门反馈称合作方态度强硬，无法更改条款，这使得流程在财务环节受阻。面对此种情况，财务部门与业务部门之间展开了一场拉锯战，双方各执己见，互不相让。最终，双方只能将问题上报给各自的上级领导，由领导进行沟通协调。在所有问题都被摆在明面，各方的顾虑得到消除后，流程才得以继续推进。

针对案例中的问题，在设计流程审批时，可以在每个审批节点鼓励审批人独立地表达意见。他们可以清晰地指出潜在的风险，甚至可以在提出反对意见的同时，让流程继续流转下去。其实，这也正是需要设立最终决策人的原因所在——由其综合考量各方意见，进而做出最终的决策。

4. 流程设计需要兼顾管理和授权

良好的流程管理不仅要求明确界定各节点的权责边界与工作范畴，更需要建立科学合理的动态授权机制。在此过程中，财务承担着关键的平衡作用：一方面要评估流程优化的价值创造空间；另一方面要审慎把控潜在风险，通过分析准确区分关键业务与非关键业务。针对风险可控的常规性业务，当部门主管具备相应管理能力时，财务应当主动向管理层建议实施分级授权机制，从而提高管理效率。

案例

某公司规定，员工请年假若超过特定天数，需总监或CEO亲自审批。后来，CEO要求人事部门加强考勤管理，原因是销售人员平日抱怨工作繁重、加班频繁，但临近年终，CEO收到大量销售人员的请假申请，认为他们的抱怨不实，反而显得工作并不饱和，甚至还能抽出时间休假。

在这个案例中，总监和 CEO 作为管理层，本应将主要精力放在业务拓展和整体利润提升上，现行审批制度却让他们不得不处理员工请假等琐碎事务。这无疑增加了管理成本，降低了决策效率，还可能引发员工与管理层的矛盾。

5. 流程设计需要有一定的业务灵活度

流程管理应避免过于刻板和僵化，财务高管在进行流程设计时，需具备灵活的管理思维，充分认知不同业务场景下的特殊需求。对于一线员工而言，由于他们直接接触客户和具体业务，对实际情况有着最为直观的感受和深刻的理解，因此在遵循基本原则、确保风险可控的同时，可以给予其一定限度内的自由裁量权，允许简化某些环节，以便快速响应客户需求，提升客户满意度。

案例

一位顾客在某电商平台购买了商品，但物流信息长时间未更新，货物也未送达。顾客主动联系平台客服，反映这一问题。客服在接到顾客反馈后，严格按照公司既定的流程，迅速为顾客办理了退款手续。然而，几天后，顾客突然收到了商品，原因是物流环节出现了延迟。于是，顾客主动联系客服，希望将商品退回。但客服表示需要上报流程审批，并要求顾客自行垫付运费将商品寄回。顾客本是出于善意，却陷入了烦琐的程序中，深感被"折腾"。

在此案例中，作为与顾客直接接触的群体，客服人员本应专注于通过优质服务提升顾客体验、促进转化与复购，传统审批机制却束缚了其灵活性，导致服务响应滞后或处理不当。若给予其一定限度的自由裁量权，例如单笔 50 元的灵活处置权限，那么客服人员就能够根据实际情况快速选择最优解决方案，无须层层审批，这样既能提升服务效率与顾客满意度，又通过可控的成本投入实现风险与收益的平衡。

总之，流程管理是一项复杂的系统工程，其本质在于协调组织内部多方利益诉求并明确权责边界。在实务工作中，既要严格遵循既定的核决权限和规章制度，确保流程的规范性和可控性；又需要保持适度的灵活性，针对不同业务场景的特点进行动态调整，这种平衡的把握往往需要财务高管投入大量专业思考，并通过不断优化提升流程管理效率。

第三节　参与系统搭建

在财务领域的职业发展进程中，存在这样一个问题：财务工作的尽头，是否就是走向系统操作与管理呢？从现实情况来看，财务人员的职业路径在不断延伸与发展的过程中，其最终的走向在很大程度上与系统工作有着千丝万缕的联系。

在实务工作中，各种问题层出不穷。而财务人员凭借自身丰富的实践经验，能够敏锐地发现问题所在，并积极思考如何借助系统的力量去解决这些问题，进而实现工作效率的显著提升，这已然成为一种常见且有效的工作模式。当通过系统的运用成功实现效率的飞跃后，财务人员便能够从烦琐的基础工作中解脱出来，拥有更多的时间和精力去深入钻研管理策略的优化，以及业财融合等关乎企业长远发展的重要事项。

一、系统是财务工作的基石

无论企业规模大小，哪怕处于最初级的阶段，也必然配备相应的财务系统，以满足财务核算与管理的基本需求。常见的财务系统，功能往往较为基础，主要侧重于应对税务申报及接受审计检查等合规性事务。此类系统所生成的报表在助力企业经营管理方面，实则作用有限，难以提供具有深度和广度的决策支持信息。要生成高质量的内部管理报表，关键在于两个方面。

其一，数据颗粒度的精细切分是基础，应尽可能细化数据颗粒度，而这一过程的前提是系统建设者对业务需求具备透彻且精准的理解，唯有如此，才能保障数据的全面性与精确性。

其二，数据和报表的及时性是关键，必须实现实时动态更新，否则所提出的决策建议只能是事后归纳，难以发挥实质性的指导作用与价值。

需要特别指出的是，财务工作严格遵循会计准则，这虽保障了财务报告的合规性，但也可能因会计准则的计量规则和确认原则（如历史成本、谨慎性原则），导致部分法定报表信息无法完全反映企业的实际市场价值或业务动态。这种差异是会计准则的技术特点所致，而非主观调整。因此，如果财务部门期望为管理层提供更贴合其需求的业务报表，就必须在传统财务系统之外，独立构建一套业务系统，并确保能够将各个业务部门有机串联，实现数据的互联互通。

为了达成业务的全面贯通与协同运作，有几个关键系统不可或缺。其中首要的是办公自动化（OA）审批系统，其涵盖了人事行政相关的审批流程及报销付款的审核环节。此外，根据不同特定业务的需求，还可能会涉及库存管理系统、项目管理系统、合同管理系统及资金管理系统等。这些系统都与财务工作存在着紧密的内在联系，各系统生成的数据最终都会汇集成为财务记账的原始凭证来源。一旦这些数据存在逻辑错误或定义模糊的问题，必然会影响财务记录的准确性和可靠性。这正是在实务工作中，财务人员通常会深度参与各个系统搭建工作的重要原因之一。

案例

某公司通过精心构建的信息系统协同网络,获得了显著的竞争优势。一方面,该公司借助信息系统协同网络确保了财务合规性,能够从容应对各类审计与税务检查,从而有效维护了公司的良好形象和声誉。另一方面,公司的管理层能够依据内部管理报表深入分析经营状况及市场趋势,及时调整产品研发方向、优化生产计划,并采取有效的人力资源策略。这些举措使得该公司在激烈的市场竞争中具备了前瞻性和高度适应性,最终实现了可持续发展。

此外,该公司的库存系统与财务系统实现了动态联动。货物在出入库时能自动触发存货价值重新核算。比如原材料入库,库存系统即刻更新数量并同步信息至财务系统,按预设计价方法计算新价值。同时,应付账款管理也实现了自动化账款匹配。采购业务发生时,库存系统记录物资信息并传输至财务系统,确保了账目准确,提高了工作效率,降低了人工错误风险。

项目管理系统与合同管理系统也实现了深度集成。在项目启动阶段,项目管理系统依合同条款制定预算和计划,明确收入确认与成本归集范围。比如大型设备制造项目,按合同在设备交付验收后自动触发收入确认,各项成本也被详细记录并精准归集。

人事系统与财务系统同样实现了无缝对接,人事变动信息实时更新并同步至财务系统,便于计算工资和税费扣除。借此,可动态监控人力成本,为人力资源规划和成本控制提供数据支持。

基于信息系统协同网络,该公司还构建了"双轨制"报表体系。对外报表遵循会计准则,确保合规,满足审计和税务要求,树立公司国际信誉。内部管理报表则融合运营细节,提供多维决策依据,帮助管理层优化管理。

特别是,在数字化转型加速推进的当下,数据已成为企业决策的核心驱动力。作为企业经营管理的关键参与者，普通财务人员若要转型角逐财务高阶岗位，就必须建立扎实的系统性思维。这不仅要求其掌握基础的财务系统逻辑，更需要具备将大数据分析技术转化为商业洞察的能力。缺乏这种认知基础的财务人员，将难以从海量数据中提取有效信息，更无法为企业的战略决策提供具有前瞻性的专业支持。

二、财务人员如何从零起步搭建系统

在财务领域，业财融合是职业发展的终极目标。要达成这一目标，财务人员需深入理解业务逻辑，同时掌握充足的数据信息，如此才能开展统计分析工作。在实务工作中，为保证数据获取的准确性及逻辑的严谨性，财务人员常常需要与各类业务系统进行深度交互。而这种交互在很多时候会逐渐演变成直接参与系统优化工作。

对于财务人员而言，参与系统建设意义重大。这一过程不仅能够提升财务人员自身的专业竞争力，还能进一步拓展职业发展的空间。那么，财务人员究竟该如何有效地参与并规划系统建设，从而成为"财务+技术"的复合型人才呢？

1. 选择适合的系统

如果系统过于复杂，致使用户学习成本高昂，其推广与应用必将面临重重阻碍。因此，构建系统的核心宗旨在于确保用户能够便捷、高效地使用该系统。在对市场上现有各类系统进行全面深入的调研后，系统建设者需要结合用户使用习惯，筛选出最适宜的产品。根据笔者的经验，一款优秀的系统应当直观易用，无须用户投入过多时间进行学习即可上手操作。以微信为例，倘若该应用在投入使用前要求用户经过一系列烦琐的培训或学习过程，那么其应用与普及势必受阻。

诚然，操作简便的系统往往比较灵活，但可能规范性有所欠缺，而设计严谨的系统则通常较为复杂，甚至可能显得烦琐不便。例如，引入企业管理解决方案（SAP）系统，有的企业需要对财务人员进行培训，并且组建专业的研发团队，这无疑增加了额外的成本投入。然而，SAP 系统以其高度的严谨性著称，对于生产制造型企业而言，它无疑是最优的选择。

因此，在筛选系统过程中，往往需要在效率、成本及功能之间进行权衡取舍。一旦系统正式上线运行，其变更的可能性很小，因为更换系统不仅涉及高昂的成本支出，而且用户一旦形成了使用习惯，便很难再做出改变。所以，在产品选择阶段做出正确决策至关重要。在此过程中，财务人员可以从预算管理的角度发挥重要作用，通过对系统的深入理解及对自身需求的满足，积极参与产品选型工作。

2. 需求调研

系统一经选定，随后的关键步骤便是开展需求调研。在此环节，财务人员扮演的角色略显独特，他们既是需求的提出者，也是解决方案的提供者。

作为需求方，为确保账务处理的准确性与合规性，财务人员必须深入理解每一项数据的生成过程及其逻辑关系是否清晰明了。

案例

某电商公司的业务收入数据源于各电商平台的用户订单，但用户订单数据通常较为琐碎，需要经过系统清洗和整理后才能供财务人员进行账务处理。为了确保汇总统计的逻辑准确无误，财务人员需与系统建设方进行深入沟通，共同确认数据处理的流程和规则。

作为供给方，财务人员需与业务人员紧密沟通，以确认其具体需求。财务不仅要满足自身需求，更应产出有价值的报表与分析成果，为业务提供有力支持。为此，财务需深入了解业务所关注的指标及数据，该过程与财务

BP进行业务访谈相似，旨在全面熟悉业务。明确需求后，财务人员可以通过字段设计、逻辑公式构建及流程设计等方法，将需求转化为系统功能。如果实现这些功能需要技术开发，那么财务人员在向研发人员阐明逻辑后，可交由研发人员进行开发。如果无须研发介入（如借助零代码平台），财务人员则可直接进行搭建，从而高效地将业务需求融入系统建设。

3. 系统测试

系统搭建完毕后，下一步是系统测试。财务人员应凭借其丰富的工作经验，尽可能地构思并梳理出各式各样的业务场景，特别是复杂易错的情境，以便进行全面细致的测试与校验。对于与财务数据紧密关联的部分，需要格外关注并严谨验证。只有通过亲身测试，才能深入理解系统潜在的漏洞与风险，确保正式投入使用时胸有成竹。即便系统已顺利上线，实务工作中仍不可避免地会出现新的需求与业务挑战。因此，系统建设并非一劳永逸，而是需要持续迭代升级与优化改进，以适应不断变化的市场环境与业务需求。

三、财务人员参与系统搭建的案例

财务岗位往往"班味儿"浓厚，工作平淡，这在很大程度上源于日常任务的重复性较高。然而，当财务人员参与系统和工具搭建，将复杂问题简单化、常规流程标准化时，不仅可以优化工作体验，激发工作热情，还能显著提升工作效率与价值贡献。下面通过案例具体说明。

案例 1

利用小程序简化利息核算工作

某集团公司总部负责为整个集团进行统一融资，之后根据各业务公司的资金需求开展统一的资金调拨工作。在这个过程中，资金的使用并非免费，需要收取相应的利息，而准确计算利息这一重要任务就落在了财务部门身上。利息是按日收取，且本金会随着业务进展不断变化，而传统的核算方式是借助一个详细的 Excel 表格，逐行记录各公司的本金及计息天数来完成利息核算。部分公司与总部资金往来频繁，一个月内可能要记录数十行数据，而且涉及多个公司，需要针对每个公司分别计算，因此工作量巨大。

财务人员李某刚接手这一岗位时，就面对了一个包含 150 多张工作表的工作簿。资金流动频繁，每笔资金使用时长又难以预测，导致这项核算工作无法随时进行，只能在每月月初依据上月资金流水来整理和计算。此前，这项工作全靠手工完成，不仅耗时一整天，还容易出现错误，比如利息计算的天数偏差等问题。李某不甘心继续这种低效的劳动模式，决定寻找更高效的方法。考虑到自身技术能力有限，他向公司的程序员寻求帮助。不到半天，一款专门用于简化利息计算的小程序便应运而生。

这款小程序的运行需要先有一个预设利率的 Excel 模板。出纳在每日核对银行日记账时，顺手将各公司资金的变动情况录入模板，这并没有明显增加出纳的工作负担。到了月末，李某只需将模板导入小程序，然后轻点一键，小程序就能自动计算出利息，并生成报表。特别是，这份报表预先设置了记账所需的字段。在后续的记账工作中，李某每月制作凭证时，只需简单地把报表数据复制粘贴到凭证模板，再导入 SAP 系统进行记账即可。这样一来，原本需要一天才能完成的核算工作，现在不到两分钟就能轻松完成。

这一改进带来了多方面的积极影响。首先，财务人员李某通过参与系统优化，将自身从重复劳动中解放出来，极大优化了工作体验。其次，结账周期从原先的六七天缩短至四天，结账速度得到极大提升。更为重要的是，系统计算的利息准确无误，消除了与业务公司对账时的反复确认环节，大幅节约了沟通成本，财务部门的工作效率得到了显著提升。

案例 2

利用零代码平台搭建商务管理系统

某公司的一位员工离职，触发了工作交接的需求。公司高层鉴于对该员工工作饱和度的评估，以及出于压缩人工成本的考量，决定将这部分工作交由另一位员工接管。

在交接过程中，棘手的问题逐渐暴露出来。前任员工留下了大量表格，由于项目时间跨度较长，资料是按照年份进行整理的，致使要查找某个项目的全套执行材料时，需要在四五个文件夹中反复翻找，犹如大海捞针。而且，项目合同的执行涉及多个关键信息维度，包括合同信息、资金信息及发票信息等。但实际情况是，采购、收款、发票等各个环节都有各自独立的统计表，并且均为手工登记。这种信息的分散和不连贯状态，使得工作开展面临极大的阻碍。

面对如此困境，接手员工决定借助技术手段来简化工作流程。最终，该员工选用了零代码平台，将所有相关流程以表单的形式搭建在系统之中，成功构建了一个项目合同档案。在这个档案体系里，无论是开票收款、收票付款，还是后续跟进、合同变更等各类信息，哪怕是执行过程中产生的各项费用，都能够实现关联查询，极大提高了信息获取的便捷性。同时，为了确保电子资料能够及时归档，在每个流程设计中都明确要求提单人员上传必要的资料。完成这些基础搭建工作之后，所有的执行数据都被整理成直观的看板形式。自此，无论是业务部门还是财务部门，只要有数据需求，都可以直接通过看板获取所需信息。

这一系统大大减少了跨部门的沟通成本，以往那种因信息不畅通而导致的频繁沟通、反复确认的情况得到了有效改善。

当前，正处于 AI 蓬勃发展阶段，像 DeepSeek 这类 AI 助手不断涌现，使得许多机械重复劳动能够借由 AI 或系统来完成。AI 会将财务人员从繁重琐碎的日常工作中解放出来，极大提高工作效率。而且，AI 的发展势必给那些不懂得借助系统与工具的从业者带来挑战。因此，笔者建议，财务人员应拥抱变革，跳出传统做账思维，积极参与系统建设。

第四节　助力降本增效

降本增效作为企业管理的核心命题，其本质是通过系统性管理优化实现价值链重构，推动企业从粗放式增长向精细化运营转型。这一转型的关键在于提升资源配置效率，而这正是财务管理的重要着力点。财务管理的核心使命在于通过价值管理实现资源最优配置，即在既定资源约束下追求企业价值最大化。从本质上说，企业经营活动的各个环节最终都可量化为财务表现，所有资金流动和资源配置都与财务管理息息相关。作为降本增效的关键推动者，财务人员凭借专业的分析能力和系统的管理视角，能够通过精准的数据测算识别运营效率瓶颈，基于多维度的经营分析定位成本优化空间，并从战略层面制定效能提升方案。

一、如何降本

在当今竞争激烈的商业环境中，企业将降本增效视为生存与发展的核心战略，力图在成本控制与收益提升之间寻求最佳平衡。然而，令人遗憾的是，许多企业在实践这一理念时，采用的方法往往不尽如人意，甚至陷入误区而不自知。这些方法虽然可能在短期内带来成本缩减或效益提升，但实则可能损害企业的长期发展潜力，破坏内部生态，或忽视对企业品牌与声誉的潜在负面影响。究其根源，往往在于缺乏财务管理的战略视角——优秀的财务管理不应仅是事后的成本核算，而应成为贯穿决策全程的价值导航仪。

1. 降本不是砍成本

部分企业的降本仅仅停留在表面，其所谓的"降"并非真正意义上的成本优化，而是简单粗暴的"砍"，最典型的便是裁员。对于劳动密集型企业来说，人力成本在成本支出中占比最大。许多企业在快速扩张阶段，往往过度追求规模增长，而忽视了后续的管理能力与现金流的可持续性，导致人员规模急剧膨胀。当企业面临成本压力或增长放缓时，裁员往往成为最直接的成本削减手段。

案例

某公司正处于业务上升期，CEO看好市场前景，决定大规模扩充销售团队以抢占市场份额。然而，财务总监基于历史数据分析提出警示：新销售人员的培养周期通常长达一年，在此期间，人力成本会大幅增加，但短期内难以贡献业绩，可能引发现金流危机。然而，CEO坚持扩张策略，一年内迅速招聘800多名新员工，使团队规模飙升至1500人。但很快暴露出问题：管理能力未能跟上团队扩张速度，内部协作效率下降，人效不升反降；同时，激增的薪资支出严重消耗现金流，公司财务状况迅速恶化。迫于资金压力，CEO不得不紧急裁员，团队规模骤减至600余人。尽管业务量未变，人力成本下降后现金流压力得到显著缓解，甚至出现盈余，但频繁的人员变动严重打击团队士气，核心人才流失，市场拓展计划最终搁浅。

案例中的企业通过裁员虽解燃眉之急，但暴露了战略短视与管理粗放的弊端。如果CEO能够重视财务总监的专业预警，就可以避免后续高达数百万元的纠错成本。

2. 降本也不是压缩费用

除裁员外，企业降本的另一个常见手段是压缩费用。这一策略看似立竿见影，实则暗藏隐患，并非降本的最优选择。过度压缩费用可能导致企业运营质量下滑、员工积极性受挫，甚至影响产品与服务的品质，进而损害企业的长期竞争力。此外，盲目削减必要开支还会削弱企业的创新能力和市场适应力，最终得不偿失。

案例

某公司为快速达成降本目标，推出了一系列刚性管控措施：强制推行双面打印、限制合理照明用电、机械式降低差旅标准；同时，要求供应商额外降价 20% 或替换为低价供应商。财务总监基于专业分析提出异议：通过历史数据证明，现有差旅标准与业务产出呈正相关，且核心供应商的稳定性直接影响产品质量和交付周期。然而，CEO 仍坚持执行。措施实施后，虽然短期内，该公司的行政开支和采购成本显著下降，账面数字也变得"好看"，但从长期来看，带来诸多隐患。一方面，员工因办公条件受限，工作积极性受挫，创新动力不足；同时，过低的差旅标准导致员工减少了客户拜访频次，仅靠电话沟通，最终难以与客户建立深度信任，业务成交率下降，错失很多发展机遇。另一方面，低价供应商虽然报价优惠，但其服务质量和产品品质往往难以保障，后续可能产生更高的维护成本、更频繁的质量问题和更长的响应周期。

案例中的企业，其降本策略暴露了典型的管理问题——将成本控制简单等同于费用压缩，完全忽视了业务运营的基本逻辑和人力资本的价值创造。财务总监已经提出了相关预警，然而遗憾的是，CEO 忽视了这些专业建议。该企业在后期不仅错失了很多战略客户合作机会，还导致员工离职率飙升，直接业务损失远高于账面成本费用的节约。

3. 不能忽视会议成本

在企业成本管控实践中，许多管理者（包括部分财务人员）往往对成本构成缺乏清晰认知。系统分析成本结构，可以采取一个基础但有效的方法：将企业所有业务活动、人员配置及具体工作内容进行货币化计量。通过这种量化方式，每项业务活动的真实成本投入便被直观呈现。这一思路与作业成本法原理相通，但在企业管理层面具有更广泛的适用性。通过这种量化分析，能够准确核算各业务事项的资源消耗。而且，在运用该方法进行成本测算时，往往会暴露出一个典型的隐性成本——会议成本。大量非必要或低效会议正在无形中吞噬着企业的运营效率与资源。

案例

某公司有一个部门每周雷打不动地举行一次例会，每次会议时长大约为两个小时。会议的主要内容是部门内各员工依次汇报上周工作进展及本周工作计划。事实上，这类会议往往流于形式，缺乏实质性产出，并非真正聚焦于解决具体问题。从某种程度上来说，这些会议俨然构成了该公司的纯成本支出。为了更清晰地量化这一成本，财务总监展开了细致的计算。

人员成本：该部门共有六名普通员工，平均时薪为100元；两名中层管理者，平均时薪达到200元；另外有一位高管参与会议，其平均时薪为400元。按照每次会议持续两个小时计算，每次会议的人员成本为（6×100+2×200+400）×2=2 800（元）。

会议室使用成本：假设该部门使用一个40平方米的中型会议室，而该写字楼每平方米每天的租金为15元，则每次会议的会议室使用成本为40×15÷24×2=50（元）。

其他费用：暂不考虑水电费、办公用品等其他杂项费用。

综上，每次部门例会的总成本为2 800+50=2 850（元）。按每月四次例会计算，年度总成本可达2 850×4×12=136 800（元）。

进一步地，如果该公司有10个类似规模的部门都按照相同的频率和方式召开例会，那么该公司在部门例会上的年度总成本将高达1 368 000元。

面对案例中如此庞大的会议开支，财务总监通过精细化核算揭示了其资源消耗的实质，并提示管理层需深入评估此类投资的必要性。虽然有些活动可能不以直接经济效益为目标，但在资源有限的情况下，如何通过成本收益分析优化资源配置，确保每一笔投入转化为可衡量的价值，仍是管理者，尤其是财务总监，需推动解决的核心议题。

开会常被视为职场负担，尤其当会议无效时，便成为企业内耗主源。管理层常召集无关人员参会，或频繁召开重复性、临时性会议，致使员工时间被占用，难以专注工作。会议的本质应是促进跨部门沟通，确保业务流程中各部门达成一致，共同解决问题以推动业务发展，而非成为责任推诿、问题拖延的场所。如果企业希望降低成本、提升效率，首先应从削减不必要的会议入手，通过明确决策权限来优化管理流程。对于需要征求意见的事项，应直接邀请相关人员发表看法，并汇总后由最终决策人拍板定夺。

4. 加班文化是一项隐性成本

部分管理者常常陷入一种认知误区，他们往往将信息化系统构建及自动化升级单纯视作额外的成本支出，而在人力成本的投入方面未能予以足够的关注与重视。这种观念上的偏差使得管理者倾向于驱使员工延长工作时间或者加大工作强度，试图以此替代必要的技术投入，期望通过"人尽其用"的策略来提升人力资源的利用效率。然而，这种做法实则隐藏着诸多弊端。当员工处于超负荷的工作状态时，其工作效率与质量难免会大幅下降，创新思维也会受到极大的抑制。如此一来，企业的价值创造能力及战略推进进程都将受到不利影响。长此以往,组织的整体效率必然会逐渐降低,员工的不满情绪也会在企业内部不断蔓延,人才流失问题将会愈发突出,进而在很大程度上对企业的可持续发展造成严重的负面影响。

案例

  某公司在付款方式的选择上陷入了两难境地,面临着两种截然不同的方案。一种方案是采用先进的银企直连付款系统。这种现代化的付款方式具备显著优势,能够实现资金的快速、准确流转,极大提高付款效率。如果选择此方式,财务部门仅需配备一位出纳,便能高效完成所有的付款工作。然而,使用这一系统并非免费,需要每年支付 5 万元的直连服务费。另一种方案则是继续沿用传统的手工付款方式,即安排两位出纳进行操作。

  虽然财务总监极力想推动系统化水平的提升,然而 CEO 在权衡之后,最终选择了后者。原因很简单,他舍不得每年 5 万元的直连服务费,他认为既然已经招聘了出纳人员,就没必要再额外支出这笔费用。而且,在 CEO 看来,系统搭建并非易事,需要投入一定的时间周期,还需要相关人员紧密配合、协同努力。由于 CEO 对银企直连系统的认知相对有限,缺乏全面深入的了解,在决策过程中显得犹豫不决,最终财务部门依旧维持着两位出纳的人工配置。

  这看似节省了直连服务费的决策,却带来了一系列隐性成本。多出来的这位出纳,每年的人工成本至少有 8 万元。不仅如此,由于系统水平落后,加班在该公司逐渐演变成一种常态,甚至被默许为一种独特的"企业文化"。为了让员工在加班时能有更好的体验,该公司提供了一系列福利措施。比如,为加班的员工提供免费的晚餐,报销打车费以便员工下班后顺利回家,还配备了健身娱乐设备,让员工在加班之余能够放松身心。

在这个案例中,看似贴心的福利实际上并不会真正解决加班的根本问题。财务总监经过测算发现,这些福利支出不仅增加了运营成本,而且也不会带来相应的经济效益。员工在加班的过程中,虽然享受了一些物质上的福利,但长时间的高强度工作往往会让他们感到身心疲惫,从而影响工作效率。而且,"加班文化"容易导致员工的工作与生活失衡,长此以往,可能会引发员工的不满和流失。

企业应该树立正确的成本观念和工作管理理念。管理者需要为员工明确工作内容,制定清晰的工作标准,并且主动引导员工利用系统和工具提升工作效率,那么员工自然会在工作时间内完成工作任务。只有通过合理规划工作内容、优化管理,才能实现企业的降本增效和可持续发展。

5. 不合理的工作安排致使成本浪费

在企业运营中,通常存在这样一种现象:高薪聘请的中层管理者却在做一些基础性的工作。从成本角度看,基层员工的薪酬较低,如果让基层员工承担此类工作,企业所付出的成本可能仅为聘请中层管理者的一半。但是,许多管理者似乎对细节工作过度痴迷,热衷于对基层的一些常规性工作指手画脚,错误地认为这就是所谓的"管理"。

这种不合理的工作安排带来的后果是多方面的。对于基层员工而言,他们在工作时会不断受到来自中层管理者的过多干预,无法全身心地投入实际工作,难以踏踏实实地完成本职任务。而对于中层管理者来说,他们被大量琐碎的基础工作缠身,无法充分发挥自身在管理、规划等方面的专业优势和价值。如此一来,整个团队的人效便会处于极低的水平,严重影响企业的运营效率和发展前景。

<u>**案例**</u>

某公司管理层为加强内部管理,要求员工严格执行每日考勤检查,上下

班必须打卡，同时每周还需撰写详细的周报，汇报工作进展、问题及下周计划。这本看似规范有序的管理方式，在实际推行过程中却引发了众多员工的不满与抱怨。

以销售岗位为例，销售人员的核心任务是积极开拓市场，与客户建立紧密联系，为客户提供精准的产品或服务解决方案，从而达成合作意向，实现销售目标。严格的打卡制度对于经常需要出差拜访客户的销售人员来说，却成了一种负担。由于出差时间不固定，销售人员时常因在外地无法打卡，事后不得不向人力资源部进行详细解释，这极大打击了他们拓展业务的积极性，也降低了工作效率。

技术研发岗位同样深受其害。研发人员平均需要花费30%的有效工作时间来应对各类行政性要求，如冗长的周报撰写、频繁的进度汇报及详尽的材料准备等。在该公司，研发团队每周人均需投入10小时至12小时处理这些汇报事务，这意味着每个研发人员每年将损失近两个月的有效研发时间。这种管理方式不仅造成了巨大的时间成本浪费，更严重阻碍了技术创新的效率。

从管理效率和成本控制的角度来看，最为高效且节约成本的管理方式是避免不必要的管理行为对员工造成干扰。财务人员在此过程中可发挥关键作用，通过精准的成本核算与分析，为管理层提供决策依据，助力其明确哪些管理行为是冗余且增加成本的，从而引导管理者保持克制，时刻铭记雇佣员工的初衷是让他们专注于实际工作，为企业创造价值。任何干扰员工正常工作节奏的行为，都可能导致工作效率低下、员工士气受挫，进而给企业带来潜在的损失。

6. 无效工作也是一种成本

还有一些工作对企业而言纯属"成本负担"，即那些被"人为制造"出来的事务。简言之，这些工作对企业生产经营并无实质性意义，也就是无效工作，但员工仍不得不硬着头皮完成。

案例

某公司的合同审核流程长期存在权责错位问题。由于缺乏专职法务人员，合同审核职责被分散至商务部门和财务部门。然而，商务部门在审核中话语权有限，业务部门占据主导地位，导致合同提交至商务部门时已无调整空间，审核沦为盖章审批的形式流程。

后来，该公司因合同条款漏洞多次吃亏（如款项无法收回），CEO遂要求商务部门严格把关，并将审批环节前置，同时提出简化流程。然而，财务总监认为这个流程并不能防范风险，反而会带来额外的管理成本。新设计的"预审批"流程仅在填表信息方面稍微做了一些简化，其他需要审批的内容一项都没有减少。预审批结束后，仍需进行正式审批。这就意味着所有流程上的负责人都要重复工作一遍，而且在预审批阶段，该关注的内容都已经关注到了，该发表的意见也都发表了，导致正式审批在很大程度上只是为了走过场，审核人基本都是在闭着眼睛审批。

在此案例中，企业为"规范管理"创造的"预审批＋正式审批"双重流程，本质是无效工作的叠加。这种"伪流程"不仅未能提升合同审核工作的质量，反而浪费了员工时间、增加了管理成本。

综上所述，降本的核心要点可以归结为四个字：优化管理。无论是人员管理还是事务处理，根本目标均在于高效解决问题，提升企业运营效能，以有限资源实现利润最大化。若每位员工都能高效履行自身职责，避免无谓投入于低价值活动，企业整体运营效率必将显著提升。企业运营固然无法避免成本支出，但如何确保每一笔开支都用得恰到好处，既是每位管理者需深入思索的问题，也是财务管理者必须紧密关注的关键所在。

二、如何增效

提升效能的本质是一场系统性改革，而改革必然伴随阵痛与成本。正如机器的高效运转离不开科学的顶层设计与先进技术支撑，若想提升产能，就应聚焦于优化整体设计、升级核心技术，而非执着于拧紧某颗螺丝钉。企业管理同理——若想实现运营效率的跃升，必须从制度、流程、系统等管理体系的核心层面破局，而非沉溺于局部修补或形式化管控。唯有抓住"体系重构"这一关键，才能避免资源错配，真正释放组织效能。

在这个过程中，财务人员可以通过数据驱动决策，协助企业优化资源配置，并量化改革成效。财务人员的深度参与，能够使改革从经验驱动转向数据驱动，最终实现效率跃升与价值创造的良性循环。

1. 改革需先从企业文化入手

许多企业在推进改革与提升管理水平时困难重重，根源在于管理文化中的固有模式：谁发现问题，谁负责解决。这种模式看似合理，实则给改革带来了巨大阻碍。从员工角度来看，面对工作任务时权衡利弊是人之常情。多数员工倾向于"多一事不如少一事"，主动承担额外工作的意愿较低。这种趋利避害的心理，使得员工在缺乏明确激励或风险保障机制时，往往选择保守行事，而非积极突破。

同时，改革自身的特性也构成推进阻力。既有管理模式与流程的调整难免触及利益格局变化，部分群体可能因预期收益波动而产生本能抵触。此外，变革伴随的新要求（如技能更新、节奏调整）可能导致工作效率下降、团队协作不畅等问题，给管理者带来巨大压力。

基于上述困境，如果想让管理者有动力进行改革，就应先从企业文化入手，在企业内部形成良好的氛围，鼓励管理者参与变革。在此过程中，财务人员可以提供有效支撑，例如通过建议企业设立变革专项预算和容错资金池，为主动发现问题者提供资源保障；还可以运用财务数据分析明确变革的预期收益，量化"不改革的机会成本"，帮助管理者突破短期阵痛的心理障碍。这些举措可以从一定程度上降低改革参与门槛，将"趋利避害"的人性弱点转化为"趋利促变"的变革动力。

2. 改革需要匹配激励措施

若想激发员工主动投入工作，科学有效的激励机制不可或缺。此机制不能局限于物质奖励层面，更需重视"情绪价值"的供给。通过认可、尊重与成长机会传递正向反馈，让员工感受到价值与归属感。唯有物质与精神激励双轨并行，才能破解"推一步动一步"的执行困局，为改革注入持久动力。

此外，员工基于一线经验提出的问题与建议，往往是企业实践智慧的直接体现，具有贴合实际、参考价值高的特点。若能有效收集并善加利用，可大幅降低外部咨询成本。在这一价值转化过程中，财务人员发挥着关键的桥梁作用，同时能够赋能激励机制，例如可以建立"建议价值评估体系"，运用成本效益分析等专业工具，将员工建议的潜在价值转化为可量化的数据指标，从而为激励决策提供客观依据，使奖励机制更具公信力和说服力。

当管理者面对员工反馈时，应避免简单推诿，而需主动履行管理职责：如果员工具备解决问题的能力，应及时给予物质奖励与精神表彰，通过成就感驱动其全力投入；如果员工缺乏解决问题的能力，则应在肯定其贡献的基础上，协调资源推动问题解决。此举不仅能提升管理水平，还能形成"问题反馈—协同改进—能力提升"的良性循环。

从长远看，激励措施的短期成本可以撬动员工成长及潜在价值创造，同时推动企业整体运营效率与管理水平的持续提升。

总之，无论是降本还是增效，其底层逻辑实则都是管理水平的提升。身为财务人员，应从投入与产出的视角出发，主动挖掘并解决问题。优秀的财务管理者，本就具备成为企业内部咨询师的潜质，然而由于业务的强势主导及财务自身格局与眼光的局限，诸多财务人员的潜能未能得以充分释放。不过，一旦财务人员实现认知上的突破，便会惊喜地发现，原来财务领域蕴含着如此多的有意义之事可供探索与实践。

第五节　业务要冲锋，财务先铺路

当企业规模发展至一定阶段，扩张就成为必然战略选择。无论是纵向深耕既有业务、提升市场份额，还是横向布局新领域以分散风险，都需要财务体系提供核心支撑。而且，在扩张过程中，资源调配策略的制定、成本效益分析及资金规划，也均依赖财务的专业测算与统筹。如果将业务活动比作"兵马"，那么财务的作用就是"粮草"。兵马未动，粮草先行，此为现代企业运营的底层逻辑。

一、关注资金，让业务没有后顾之忧

企业在经营发展的进程中，普遍都会遭遇资金短缺这一严峻挑战。对于绝大多数企业而言，为了确保企业现金流的正常运转，往往需要借助外部融资渠道，例如向银行申请贷款，或者引入战略投资者等方式来缓解资金压力。特别是，当企业的业务逐渐步入正轨，各项运营指标趋于稳定，发展态势良好之时，资金保障往往成为企业进一步规模扩张的瓶颈。在此背景下，财务的战略价值便凸显出来。财务可以协助企业建立完善的资金监控体系，通过系统评估融资渠道的各项关键指标找寻最佳融资方案，并基于战略规划开展现金流压力测试，同时编制三个月至六个月的滚动资金计划，前瞻性识别资金缺口风险并制定多维应对方案。这种系统化的资金管理方法，既能保障企业正常运营，又能为战略扩张提供坚实的财务支撑。

以笔者经历为例，笔者曾与数位财务同事共同完成了一个重要项目的利润测算，并向CEO详细汇报了项目利润情况。然而，当笔者正在阐述项目前景、预期收益及利润细节时，CEO却直接打断，开口便问："是否存在资金缺口？需要多少资金？如何筹措？"通过这一事件，笔者深刻反思：尽管项目利润看似可观，但资金问题才是项目能否顺利推进的关键。正如俗语所说，"巧妇难为无米之炊"，即使项目预期利润丰厚，若缺乏充足的资金支持，一切规划都如同空中楼阁。更为严重的是，其中还潜藏着巨大风险。如果在项目推进过程中资金链突然断裂，前期投入的人力、物力和财力将全部化为沉没成本，无法挽回。届时，不仅项目会陷入停滞，企业也将遭受重大经济损失，可谓"赔了夫人又折兵"。

在企业拓展新业务或实施战略扩张时，管理层必须将资金规划置于首要位置，并协同财务团队开展系统性的资金测算与筹备工作。管理层虽能把握业务发展的宏观方向及总体资金需求，但在具体执行层面的成本管控与资金配置方面，则需要充分发挥财务人员的专业价值。财务人员凭借其专业的财税知识体系和丰富的实务工作经验，能够精准预判项目实施过程中可能涉及的各项税费支出、隐性成本及资金风险，从而构建完善的财务保障机制，确保战略目标的有效落地。

二、加强管理，可以事半功倍

在企业规模扩张过程中，管理能力的提升与资金的合理规划具有同等重要的战略意义。财务部门发挥的作用举足轻重，其本身便具备风险防范的重要职能，同时负责管理企业正常运营所涉及的流程、制度及体系。

凭借专业的经验，财务人员能够站在全局高度，为企业的管理升级提供既合理又具有前瞻性的建议。这些建议往往基于对企业财务状况、市场趋势以及行业特点的深入分析，因此具有很强的针对性和可操作性。在企业业务扩张的关键节点上，财务人员更是能够充分发挥其专业优势，协助业务人员做好全方位的准备工作，具体包括资金筹措、成本控制、预算规划及风险评估等方面，以确保业务扩张的每一步都稳健而有力。规模经济的实现必须以管理升级为前提，任何忽视后台支撑能力的盲目扩张都将付出沉重代价。

案例

某电商公司与平台方达成了深度合作关系，决定携手推广一款定位高端的鸡蛋产品，旨在契合消费者对高品质生活的追求。

财务总监基于销售预测、供应商产能及运营团队能力评估，认为活动存在潜在风险：若订单量激增，后台支持可能无法应对，且活动筹备时间仅一个月，仓促推进隐患较大。因此，建议业务部门控制活动规模，避免过度扩张。但业务部门急于推进，未充分重视财务部门的预警，仍将活动规模最大化。

活动上线当日，高端鸡蛋销量突破 3 000 盒，远超线下月均 3 000 盒的销量。线上销量的爆发式增长让工厂有些措手不及，因为工厂的产能和发货能力并未针对如此大规模的订单做好充分准备。而且，工厂内的工人面对突如其来的大量订单，也显得有些不知所措。尽管他们加班加点、连续工作，但仍难以确保所有订单都能按时发出。这不仅引发了客户的不满和投诉，更严重的是，由于部分工人打包经验不足，因此在运输过程中出现了鸡蛋破碎的情况，给公司带来了一定程度的经济损失。

与此同时，作为初创企业，该公司在系统与运营管理上存在明显短板。活动期间，职能部门被迫抽调人手处理订单，业务流程陷入混乱。此外，活动策划未充分考虑盛夏高温对鸡蛋品质的影响，运输过程中存在变质风险。

最终，这次活动不仅未能达到预期目标，反而让平台方感到失望。原本极具市场卖点的高端鸡蛋，因执行环节出现问题而导致口碑受损。活动结束后，该款鸡蛋的销量急剧下滑，第二个月仅售出不到 300 盒，到了第三个月更是降至 30 盒左右。

财务人员是企业业务扩张中的风险"守门人"。其核心价值不仅在于资金管理，更在于通过数据分析、风险预警和流程优化，为企业的战略决策提供关键支持。案例中，财务总监基于销售预测、产能评估和运营能力提出的风险警示，正是财务职能在业务扩张中"防患于未然"的体现。然而，业务部门对其建议的忽视，暴露了企业管理中"重业务、轻风控"的普遍问题。唯有让财务成为业务扩张的"导航仪"，而非事后"救火队"，企业才能在规模增长与风险控制之间找到平衡，真正实现"事半功倍"的高质量发展。

三、财务监管，促进业务合规开展

管理问题固然关键，但不容忽视的是，任何业务的开展都离不开监管合规的刚性约束。尤其在税务、工商等关键领域，企业必须严格遵循法律法规及内部流程规范，否则即使业务前景再广阔，也可能因合规漏洞而功亏一篑。财务部门作为风险防控的第一道防线，其监管职能的前置化至关重要，能够为业务决策提供合规性保障，避免因疏漏导致严重后果。

案例

某集团公司贸易部计划开展一项进出口业务，运作模式为从国外采购货物后转售国内公司。为申请业务启动资金，贸易部需要向 CEO 提交详细方案。然而，财务总监在审核中发现，承接业务的主体公司因常年未经营，增值税发票额度严重不足，难以满足新业务的需求。如果增购发票，就需要向税务局提交合同资料并申请额度，而流程耗时较长可能会影响业务收款的进度。

因此，财务总监立即向贸易部提出一系列关键问题：一年交易额预计多少，需多少发票额度，是否与客户沟通过开票延迟风险，发票类型、时间及税务合规如何规划等。通过与贸易部充分沟通，财务总监意识到，如果不能提前解决发票问题，不仅可能引发客户违约，还会导致税务违规风险。随即，财务总监着手整理资料，重新规划发票量与额度，并在业务启动前完成了税务局审批，确保了开票能力与业务节奏匹配。

财务人员在业务筹备阶段的关键作用不容小觑。通过深度介入并提供专业建议与精准测算，财务人员能够为业务决策奠定坚实的财务基础，显著提升后续执行的效率与顺畅度。尤为重要的是，在业务筹备环节，财务工作的核心价值应聚焦于支持与服务——以专业能力为业务发展保驾护航，而非设置障碍。这种前移的财务参与模式，不仅能有效规避潜在风险，更能推动业务与财务的深度融合，形成协同效应。

第五篇

职场智慧：财务人的成长指南

在当今高度协同的商业环境中，财务人员除了要精进专业核心技能，提升战略思维和跨部门协作能力，更需要培养高情商的职场智慧，比如情绪管理能力、关系构建能力、冲突调解能力等。优秀的财务专家不是最懂数字的人，而是最懂人性的人。这种多维度的职场处世哲学，往往是突破职业"天花板"的关键所在。而对于即将步入职场的财务新人而言，这一转型则更具挑战性。从校园到职场，不仅是工作内容的转变，更是思维模式、行为习惯和职业心态的重塑。因此，系统的职业规划（如短期目标设定、长期发展路径）和充分的心理调适（如抗压能力、角色适应）至关重要，可以确保顺利完成从学生到职场人的身份跨越。

第八章

财务人的职业突围

在竞争激烈的职场环境中,财务人员若想实现职业理想、稳步前行,仅靠专业能力远远不够。除了持续提升专业技能、拓展商业视野与管理格局,还需精通职场处世哲学,以便在复杂的人际关系中从容应对,为职业发展助力。

第一节　财务和业务需要的是双向奔赴

在企业运营中，财务与业务的工作对接绝非单向指令的传递，而是需要双方以主动姿态深度参与沟通、协调与推进的动态过程。两者不仅需要理念同频、目标一致，更要在具体业务中形成高效配合的默契，如此才能加速任务落地，实现战略与执行的闭环。然而现实中，财务与业务之间往往难以达成此种理想状态。为实现双向奔赴，财务人员需要适时调整思维模式与视角，而业务人员则需要深化对财务管理重要性的认知与理解，双方共同努力，才能构建更加和谐、高效的工作环境。

一、"闲事"该不该管

本书多次提及财务人员的职责边界问题，即如何把握"分内事"与"分外事"的尺度。对于基层财务人员而言，笔者建议秉持谨慎态度，不宜过多介入非本职事务。如果贸然介入其他领域事务，往往面临"有功不赏、有过必究"的困境。加之多数企业对财务职能的重视程度有限，财务人员职权范围相对狭窄。在当下职场环境中，基层财务人员应以职业安全为首要考虑，对非职责范围内的事务保持审慎态度，必要时可提请上级领导定夺。

然而，如果以财务 BP 或企业内部咨询顾问为职业发展方向，则需要主动突破传统财务边界，将与企业运营紧密相关的各类事务全面纳入关注视野，并在充分熟悉业务流程的基础上开展工作，积极发现并解决问题。这种主动担当、积极作为的工作态度，正是实现职业飞跃与提升的关键所在。

案例

某制造公司会计小王因工作严谨细致备受认可，但一次经历让他陷入职业困局。某日，小王在工作中发现一些隐患：车间内，部分工人责任心严重缺失，随意损毁模具、瞒报质量问题，甚至因操作不当引发了一场小型火灾。他基于职业责任感向公司 CEO 汇报了这些情况，却未料 CEO 并未肯定其主动汇报的行为，反而要求他给出解决方案并落实细节。

小王作为财务人员，对生产流程并不熟悉，面对 CEO 的要求无从下手。更糟糕的是，小王在工人眼中的形象瞬间变成了"打小报告者"。在后续工作中，工人对他的配合不再积极，甚至时不时地对他进行排挤。小王内心充满了委屈，他认为自己是出于对公司和 CEO 负责才站出来指出问题，非但没有得到应有的表扬与理解，反而陷入了如此尴尬的境地。CEO 的态度也让他左右为难，指责工人容易树敌，不指出问题又无法向 CEO 交代。在万般无奈之下，小王选择向行业内的专业交流群求助，希望能从同行那里获取一些建议与指导。

针对小王面临的困境，大家纷纷提出了自己的见解。有人建议从固定资产管理制度入手，通过定期的资产盘点，一旦发现账实不符的情况，便可依据制度对相关责任人进行处罚，以此规范工人的行为；也有人提出与生产、安全部门联合制定规章制度的方法，将问题分散至各个部门，减轻小王自身的压力与尴尬处境。

一位资深财务 BP 在聆听众人建议后指出，这些建议虽各有其理，却并未触及问题核心。对于基层财务人员小王而言，面对问题时，正确做法是首先将问题反馈给自己的上级领导，再由上级领导与 CEO 进行沟通，这样他就不会陷入当前这种尴尬的境地。如果小王希望借此机会展现自己的工作能力，那么他应该先沉下心来，深入了解并学习生产流程。目前，小王面临的最大挑战是对生产环节的不熟悉，这导致他无法提出具体的解决方案。如果他能够先熟悉业务，掌握工厂内部的人际关系网络，那么他在向 CEO 提出问题的同时，也能提供切实可行的解决方案，从而真正帮助 CEO 解决问题。如此，升职加薪自然也就指日可待了。

优秀的财务人员不仅需要具备敏锐的问题洞察力，能够及时识别业务运营中的风险与机遇，更需要具备全局思维和资源整合能力，基于对当前业务环境、市场趋势和企业资源的全面评估，精准判断问题的关键所在，更重要的是能够通过合理的方式和渠道，为企业提供切实可行的解决方案。

二、信任是第一步

对于财务人员而言，如果期望在职场中获得管理层的支持，必须先赢得他们的信任。然而，许多职场人士对此并未给予应有的关注。

这里所强调的信任，绝非阿谀奉承之举。真正的信任，建立在行事可靠、言出必行的基础上。财务人员需准确理解管理层的意图，以高度的责任心和执行力确保各项任务得以有效完成，从而赢得对方的信赖与倚重。在初入新岗位、面对复杂局面时，更应保持冷静与谨慎，避免盲目追求速成而大刀阔斧地进行改革。相反，最为稳妥且高效的做法是，先虚心学习、继承前人的智慧与经验，深刻理解岗位的职责与使命，确保工作能够有条不紊地持续开展。在逐步熟悉环境、赢得管理层信任之后，再适时提出自己的见解，以及具有建设性的改革建议。此时，不仅能够获得管理层的全力支持与认可，还能在此过程中充分展现自己的专业素养与卓越能力，为职业发展奠定坚实的基础。

案例

某公司新任财务总监发现，团队中的资深会计老张工作态度懈怠，不仅个人产出不达标，还对团队的其他成员造成了负面影响。经评估，财务总监认为如果辞退老张，通过合理调整现有人员的分工，完全能够保持工作的连续性和效率，无须额外招聘新员工。当其向 CEO 提交建议时，却因"疑似欺压老员工"被严词拒绝，甚至被 CEO 质疑动机。

鉴于 CEO 的坚决立场，该财务总监选择暂时沉默，继续执行日常职责。随着时间推移，其他员工也陆续向 CEO 反馈老张的问题。同时，CEO 在询问老张工作进展时，也发现其工作确实存在诸多不足。此时，财务总监再次提出辞退老张的建议，CEO 的态度发生了极大转变，不仅爽快同意，还对其优化人员结构、为公司降本增效的举措表示高度认可。

案例中，财务总监的提议前后并无实质性变化，唯一的不同在于提出的时机。第一次提议：CEO 对财务总监的信任尚未建立，且对老员工留存有"苦劳"印象，此时强硬推动整改易被解读为"权力斗争"。第二次提议：CEO 已通过多方反馈形成对老员工的负面认知，财务总监顺势提供解决方案，成为 CEO 化解管理难题的"台阶"。因此，要想得到企业高层的支持，不仅需要具备专业的能力，更需要学会赢得对方的信任，并选择合适的时机来推动问题的解决。

三、专心做事，别纠结结果

从职业素养的角度而言，财务人员提出专业性的改进建议，既体现了其专业能力，也彰显了对工作的责任感。然而，任何管理变革的实施都需要多部门协同推进，并受制于企业资源配置的可行性。每位员工都渴望在工作中有所建树，但往往囿于自身视角和认知局限。实际上，管理层需要从全局出发进行综合权衡，某些变革之所以暂缓实施，可能是基于成本效益分析的审慎决策，或是出于战略优先级考量而做出的时序安排。因此，财务人员应当秉持这样的工作态度：及时发现问题并提出建设性意见，主动分享可行性方案。如果得到管理层支持，则全力推动落实；如果暂未采纳，也能以平常心对待，避免过度执着于即时成效。

案例

某集团公司总部财务人员在审核报表时发现，财务系统存在核算逻辑漏洞，导致资产负债数据出现缺失。这直接影响了报表准确性，该财务人员迅速反馈至报告团队、直属主管及系统负责人，但各方态度消极。

报告团队认为，这是公司业务特殊性导致的差异，如果修改，按照相关规定，需要对过去十年的报表进行全面追溯调整，而这无疑将带来巨大的工作量，且集团内其他公司并未出现此类问题，如此大规模的修改没有必要。系统负责人则表示，系统修改涉及配置调整，而调整并非仅影响总部，而是会波及集团内所有公司。此外，配置的测试、上线等工作需要技术人员的全力支持，但当前技术人员的工作内容已趋于饱和，无暇顾及这一变更需求。因此，这一问题被搁置。

一年后，该集团公司筹备上市，会计师事务所直接指出财务系统的核算逻辑漏洞。此时，资源紧张的筹备期反而成为解决问题的催化剂，系统终于启动紧急修改。

因此，财务人员应跳出"建议必须落地"的思维定式，聚焦"发现问题—分析影响—提供选项"的核心职责。如果能以"播种者"心态对待建议（如留存文档记录、定期复盘可行性），即使短期内未被采纳，也可以在企业需要时成为关键备选方案。毕竟，管理的决策周期属于企业，而专业的态度属于自己。

四、管理层对财务的认知也需要提升

在探讨完财务人员的角色与作为后,不妨将目光转向企业的另一关键角色——管理层。管理层重视业务发展本无可厚非,正如前文所述,企业的首要目标是生存,唯有生存得以保障,才能进一步谋求优化与提升。然而,在此基础之上,笔者建议管理层应提升对财务管理的认知水平,更加重视财务视角,在决策过程中适当考量财务因素,并充分尊重财务人员的专业价值。

1. 人才招聘

在招聘环节,管理层需重构财务人员的选拔逻辑——契合度而非单一专业性,才是核心标准。例如,尽管 CPA 持证者具备扎实的专业功底,但如果缺乏跨领域思维与业务洞察力,往往难以胜任财务 BP 或财务高管等角色。管理层在选拔财务人员,尤其是选拔财务高管时,应重点关注候选人的软性实力。真正适配的财务高管需满足以下复合要求。

其一,知识广度大于深度。除财务专业知识外,需对行业趋势、商业模式、市场动态有敏锐感知,能将财务语言转化为业务行动。

其二,沟通协同能力。具备跨部门协作能力,既能用数据说服业务部门,又能以业务视角理解财务诉求,打破"财务孤岛"。

其三,逻辑与学习能力。擅长从复杂业务中提炼核心问题,快速调整工作颗粒度(如从宏观战略到微观执行的自由切换),并持续迭代认知。

其四,盈利导向基因。如果财务高管仅聚焦合规性与风险控制,忽视创造价值与商业增长,则本质仍是"会计型思维"。优秀的财务高管需以"如何为企业赚钱"为底层逻辑,将财务策略与业务目标深度绑定。

2. 人才培养

管理层需摒弃"外来的和尚好念经"的惯性思维,真正重视和激活内部员工这一战略性资源。相较于外部专家,内部员工凭借其独特优势,对企业痛点有着更为精准的把握。这种源自一线的真知灼见，使得内部员工提出的解决方案往往更切中要害、更具落地性，能够直指阻碍企业发展的核心矛盾。因此，管理层需加强内部员工的培养，并明确：培养的核心是信任赋能，而非简单晋升或加薪。

其一，以信任替代质疑。财务人员因职业特性天然风险意识强，其谨慎恰是专业度的体现。管理层需尊重财务的合规警示，即使短期无法解决，也应肯定其价值，避免"报忧即否定"的误区。

其二，从解决问题到共生成长。外部专家擅长提供标准化方案，但企业内部问题需要"贴着地皮"思考。管理层应推动财务人员参与决策，通过定期复盘、容错机制等，将其打造成懂业务的伙伴，而非规则监督者。

其三，构建安全发声环境。财务人员常因指出风险被视为"障碍"，实则其每一次的预警都是为企业避坑。管理层需明确传递"发现问题比掩盖问题重要"的信号，让财务人员敢直言、愿担当。

3. 适当授权

管理层需要打破财务部门的"工具人"定位，通过结构性授权释放其价值。没有授权，财务人员将难以施展拳脚。例如前文的制造企业案例，CEO可以适时调整架构，如设立内部审计部门，或邀请信赖的财务人员加入质量监察小组等，对工厂的问题进行全面核查并监督整改，且这些机构应直接向CEO汇报，并独立于其他部门之外。归根结底，管理层需要从管理体系层面提升财务部门的地位，为财务人员提供深度参与业务与内部管理的机会，并与之直接对话。只有这样，财务部门才能更好地理解管理层诉求，为企业创造更大价值。

真正的授权，是让财务人员从"看门人"变为"合伙人"。只有财务人员站在管理层视角思考问题，企业才能实现风险可控与增长有力的双赢。

第二节 职场就是一个磨砺场

在职场中,财务人员能达到的高度既取决于其专业能力的精进,更在于其心性的磨砺。在这个充满竞争与协作的场域中,真正的成长往往来自三重磨砺:其一,专业磨砺,持续深耕核心技能,构建不可替代的专业壁垒;其二,心智磨砺,培养处变不惊的定力与洞察本质的智慧;其三,格局磨砺,超越个人得失,以创造价值为导向。财务人员应学会在纷扰中保持专注,将精力投入真正重要的事,时间自会给出最好的答案。

一、不要夹杂太多个人情绪

在职场的历练中,实现从"自我中心"向"专业角色"的心理跨越,是每位财务人员必经的关键成长阶段。这一转变过程往往伴随着阵痛,并深刻影响着职业发展的广度与深度。现代职场,本质上是一个以价值创造为核心的竞争舞台,尤其在强调关键绩效指标(KPI)的企业环境里,同事间的交往更多基于专业合作,而非单纯的情感联结。

成熟的财务人员应懂得:与其期待他人理解自己的情绪波动,不如用专业能力构建不可替代性。职场平等的本质是价值交换,培养以解决问题为导向的思维模式,才是立足职场的正确打开方式。

案例

某企业财务经理招聘了年轻财务人员小李,小李专业基础良好,性格开朗,且与财务经理脾气相投。工作之余,两人常常交流兴趣爱好。一次加班后聚餐，小李直言："主管，您是我遇到的最好的领导，就算不给工资我也愿意跟着您干。"财务经理闻言，立刻警觉起来，意识到小李将职场关系过度情感化了。

小李的这种认知很快出现了问题。一次，财务经理与银行洽谈业务时，小李因常规问题未获得即时回应而情绪低落。更严重的是，后来在工作中失误后，他在团队微信群内竟然公开顶撞财务经理，虽事后致歉，却暴露出其混淆工作指导与情感支持的问题。作为管理者，财务经理需秉持公正，但小李显然未领悟职场规则。

最终，当财务经理以统一标准要求小李时，他的工作积极性明显下滑，频频出错。试用期评估时，小李的专业能力虽然达标，但职业成熟度不足，并不符合岗位要求。因此，小李没有通过试用期，只能遗憾离职。

职场专业素养的核心在于保持理性客观的职业态度，这体现在三个维度：首先，以事实为依据的工作方式，用数据说话而非情绪主导；其次，建立清晰的职业边界，区分工作关系与私人情感；最后，培养结果导向思维，聚焦问题解决而非个人感受。专业性的本质是就事论事的理性判断能力，这既是对工作的尊重，也是对同事的尊重。

二、学会处理职场压力

所有财务人员在职场中都会面对压力与焦虑，这也是个人成长的必经过程。作为过来人，笔者深刻理解这种困扰，此处分享三个实用的应对策略。

1. 建立正确处理问题的机制

对财务人员来说，最关键的突破在于建立正确处理问题的机制。笔者多次目睹许多人陷入"自我纠结"的困境：遇到问题因畏惧而隐瞒，独自焦虑数日后才寻求帮助，最终小问题拖成大麻烦。事实上，职场问题的解决往往依赖资源整合而非个人能力。例如跨部门协作的障碍，企业高层一句话或许就能解决，而基层员工可能耗时数日仍难推进。及时反馈并非示弱，而是职业素养的体现。建议面对困难时，先投入 30% 的时间独立思考解决方案，若无进展则立即寻求团队支持，避免让问题在自己手中发酵升级。

2. 培养结构化的问题解决思维

进阶的处理方式是培养结构化的问题解决思维。对于常规性问题，可以先列出 1~2 个解决方案，再向上级请示；对于突发紧急事件，则应立即汇报并同步处理进度；至于创新想法，可以选择合适的时机与上级进行探讨。这种分层次的处理方式，既能展现主动性，又能确保工作效率。

3. 培养职场钝感力

最重要的是调整心态，培养职场钝感力。职场中 80% 的情绪困扰都源于过度敏感——同事的一句评价、跨部门的一次摩擦，往往被无限放大。职场看重的是结果而非过程，与其纠结于人际关系的细枝末节，不如专注于提升自己的专业价值。

三、把握自己的工作节奏

在职场中，保持专注的工作节奏与妥善处理临时需求同样重要。财务部门作为企业的支持中枢，日常需要应对各部门的咨询实属常态。面对这类情况，建议采取三步应对法：首先，快速判断问题性质，能立即解决的就当场处理；其次，对需要时间核查的事项，明确回复处理时限（如"这个问题需要时间查证，下午 3 点前给您答复"）；最后，建立问题记录机制，避免遗漏重要事项。切记，专业的表现不在于立即响应所有需求，而在于建立可预期的工作流程。

高效工作的秘诀在于培养选择性专注的能力。当多个需求同时出现时，建议采用"紧急—重要"四象限法则进行优先级排序：对于非紧急事项，可以礼貌告知处理时间后继续手头工作；对于确实紧急的需求，则需快速评估自身处理能力，必要时立即向上级寻求资源支持。需要注意的是，沟通协调本身就是工作的重要组成部分，与其期待"不被打扰"的理想状态，不如培养在动态平衡中高效工作的能力。成熟的工作态度是，既不会对所有需求来者不拒，也不会对合理沟通产生抵触，而是在专注与协作之间找到最佳平衡点。

针对琐碎繁杂的财务工作，笔者建议通过设立合理的工作节奏来调整自己的工作状态：首先，识别工作的"黄金时间"——对大多数人来说，上午9点至11点是最佳时段，这段时间适合处理复杂报表或重要分析；其次，将固定工作模块化，比如凭证处理务必做到日清，每月25日就开始做结账准备；最后，学会对非紧急需求说"稍等"，给自己留出专注工作的空间。在职场中，能够掌控自己工作节奏的人，往往也是最能从容应对各种突发状况的人。

四、不要过度计较工作的意义

很多财务人员常常会陷入一个误区，那就是过度纠结于自己做的事情是否有意义，或者压根不清楚自己做这些事的价值。其实，这般思虑纯属庸人自扰。要知道，并非所有事务都能用简单的是非黑白来界定。

有些事情之所以需要去做，并非单纯因为能为企业带来直接的收入增长，抑或实现降费降本的目标，而是基于其他多方面的考量。就拿企业的改革来说，任何一项改革举措的推行都伴随着痛苦。人们习惯了以往的工作方式，当突然变革时，不仅要额外付出精力去适应新事务、配合新流程，还得兼顾处理旧事务，如此一来，很容易让人感觉当下所做的一切毫无价值。然而，必须清醒地认识到，倘若企业因循守旧、拒绝变革，就极有可能在大环境的浪潮中被淘汰出局。

因此，在某些特定阶段，一些工作可能会感觉枯燥乏味、毫无意义，甚至心生烦躁。但从长远的视角来看，那些看似无关紧要的事情，实则对企业的整体发展有着深远的影响。至于这些事情究竟有无必要，并非由局外人来评判。对于每一位财务人员而言，踏踏实实做好本职工作，对得起自己所获得的那份薪水，这才是最重要的事。

五、学会换个角度看问题

平衡心态，这绝非易事，往往需要用一生的时光去慢慢磨砺。有时候学会换个角度看问题，或许就能迎来意想不到的转机。职场中的诸多难题亦是如此。当突破固有思维的局限，以全新的视角去审视时，那些曾经困扰不已的事情，也许会呈现出别样的面貌。

<u>案例 1</u>

某年轻总账会计刚晋升为财务经理，负责对接公司共享中心上线的工作。随着工作的开展，他感受到前所未有的压力。他原本的日常工作已经非常繁重，因为需要与新团队进行全面对接，工作任务变得更加沉重。而新团队对业务、流程和数据又一无所知，一切都需要他亲自配合梳理，每项任务都成了棘手的难题。那段时间，周围同事几乎每天都能听到他的抱怨。面对工作量翻倍而薪资未变的现实，他最终选择了离职。

<u>案例 2</u>

某公司的财务经理，在毫无准备、对系统尚不熟悉的情况下被推上了前线，负责与技术部对接 SAP 系统切换的工作。那段时间，该财务经理每天都心情烦躁，甚至也有过"裸辞"的冲动，但最终选择坚持下来。烦躁的日子只持续了两个月，但该财务经理也积累了宝贵的 SAP 上线支持经验。此后，某制

造业公司希望招聘一位懂 SAP 系统的财务管理人员，通过猎头发现了该财务经理。由于他对系统操作非常熟悉，很快通过了面试，薪资涨幅 20%。

对于临时性的超负荷工作，笔者建议，如果条件允许，应该尽量忍耐。尽管财务工作在很多人看来是高度重复的，但实际上，随着企业业务的发展和政策的调整，按部就班的工作状态几乎不存在。对于财务人员来说，变化其实是好事，意味着可以不断积累新的经验和知识。因此，面对挑战和压力，不妨换一个角度看问题。也许正是这些看似艰难的经历，为未来的职业发展铺平了道路。

六、话有三说，巧说为妙

在职场中，若要论及最关键的能力，笔者认为非沟通能力莫属。财务与业务常常被视作两个相对立的领域，在实务工作中，要与业务部门保持良好关系，往往得益于一种以解决问题为导向的沟通方式。这种沟通模式强调从协助对方的角度出发，旨在寻找共赢方案，而非制造对立。此外，对于财务人员而言，在进行工作交流时，应力求清晰准确，避免采用模糊或迂回的表达方式。因为在日常沟通中，过于随意的对话风格可能导致信息传递不完整或产生误解，进而影响工作效率和团队协作的效果。

案例

某公司费用会计小张处理账目核对时，因需业务协助而受阻。他很焦虑，他发出的消息要么石沉大海，要么回复不切要点，工作陷入僵局。于是，他向财务经理求助。财务经理指出："你这样沟通，业务同事怎么会领悟到你的紧迫？配合意愿自然不高。"于是，财务经理引导他换了个角度，站在对方利益出发。之后，小张对业务同事说："此借款挂在你名下，如果账目核对不清，年底清账必然会很麻烦。"话音未落，业务同事态度大变，急切地想配合完成对账。小张又趁机表示："我现在正忙结账，待忙完即刻处理。"对方立即表示随时可以配合。

可见，在工作中进行沟通时，需要讲究策略和方式，不能一味地站在自己的立场上去要求别人，而要设身处地为对方着想，直击对方的痛点，这样才能让沟通更加顺畅，工作效率也会大大提高。

七、学会留痕，交接清楚

在财务工作中，无端"背锅"的现象时有发生，分工与权责的不明晰更是加剧了这一问题。为减少此类困扰，优化工作方法显得尤为重要。以下两个习惯，值得所有财务人员借鉴。

1. 避免单据积压

对于需要审核、签字、修改或盖章的文件，应及时处理，该下发的下发，该邮寄的邮寄，该转交的转交。甚至是会计档案，都应立即装订成册，并定期清理无用的纸质文件。这种做法虽看似严格，却能有效保持文件资料的清晰有序。

2. 重要事项书面确认

财务工作注重凭证，因此尽量不用电话或微信沟通重要事务，而应选择发送邮件或打印成纸质文件让对方签字盖章。这并非为了事后追责，而是为了确保沟通内容有迹可循，从而减少麻烦。

八、主动沟通，避免误解

在工作中，当遇到要求不明确的上级时，主动沟通是解决问题的核心。与其暗自揣摩上级意图、贸然行动，不如采取更积极的策略——主动询问、大胆确认。即便这需要额外耗费一些口舌，也要确保个人的工作方向与团队目标保持一致。毕竟，因沟通不畅而导致的任务偏差，很可能会对团队的整体协作效率和氛围造成不良影响。

案例

在一次紧急的项目筹备中，某公司财务人员小刘负责处理一份至关重要的文件。这份文件不仅涉及大量敏感数据，还需要在限定时间内准确无误地送达多个部门和外部合作伙伴。然而，在任务分配时，财务经理只是简短提及了文件的重要性和截止日期，并未明确指出具体的处理方式，以及是否需要邮寄。在一次例行的工作汇报中，财务经理突然责怪小刘未能及时寄出文件，导致某个部门的工作受阻，进而影响到了整个项目的进度。面对这突如其来的指责，小刘没有选择与财务经理进行无意义的争执，而是意识到主动沟通才是解决问题的关键。

从那以后，小刘在与财务经理的合作中养成了"多问一句"的习惯。每当接到新的任务，他都会及时与对方确认具体的处理方式、期望结果，以及任何可能存在的遗漏点。通过这种方式，小刘确保了自己对任务要求有清晰的理解，避免了因沟通不畅而导致的误解和延误。

在职场中，专业素养的体现不是机械地完成任务，而是以主动沟通的姿态搭建高效协作的纽带。当面对模糊的上级指令时，一句及时的询问往往能填补关键信息缺口，将潜在的执行风险消弭于无形。相较于事后无谓的责任推诿，事前细致的沟通确认才是确保工作质量的明智之选——这种主动沟通的艺术，恰如职场协作中不可或缺的润滑剂，让团队运转更加顺畅自如。从被动等待指示到主动寻求确认，这一转变不仅彰显了员工的责任担当，更展现了其成熟的问题解决能力和职业智慧。

第九章

财务新人如何快速站稳脚跟

  当财务新人（应届毕业生）走出象牙塔迈入职场，迎接他们的是一个需要全方位重塑自我的转型过程：工作内容上，从教科书里标准化的会计分录转变为实际业务中千变万化的账务处理，从理想化的课堂案例过渡到充满现实约束的商业实践；思维方式上，完成从知识接收者到问题解决者的蜕变，从单兵作战的学习模式升级为跨部门协作的职业状态。这一转型不仅要求新人快速掌握专业实务技能，更需要他们在职业规划阶段就做好充分准备。

第一节 财务新人的认知重塑

财务新人初入社会，对未来总是充满期待，总希望能遇到那份"完美"的工作：高薪又不用加班，领导开明，企业文化和谐，发展前景更是一片光明。这种追求本合情合理，然而，现实往往不尽如人意。因此，在步入职场之前，财务新人应学会接受这份不完美，调整好自己的求职心态，以更加平和、务实的态度面对现实的挑战。

一、求职的核心目标需清晰

理想的职业选择应遵循精准匹配原则，即寻找最能契合自身核心需求的岗位。对此，建议财务新人系统梳理职业期望要素，构建涵盖薪资待遇、发展空间、工作强度等多维度的评估体系，并依据个人价值观对各项要素进行优先级排序，从而形成科学的职业决策框架。

在求职初期，财务新人往往更关注平台背景、薪资水平等显性条件。事实上，随着深入了解，企业文化、团队氛围、价值理念等隐性因素的契合度则更为关键。因此，求职也讲究缘分。有些工作虽能助新人提升特定能力、拓宽视野，但未必是长久之选。求职路上，遭遇挫折与犯错在所难免，关键在于明确自我定位，洞悉自身需求，并据此做出恰当取舍。

案例

一位拥有一年工作经验的财务专员，为了追求 30% 的薪资涨幅，毅然跳槽到了新公司。入职后，他却发现，直属领导时常处处刁难，工作氛围也异常压抑，这让他每天都感到无比煎熬。回想起之前的工作，虽然工资稍低，但同事间相处融洽，每天上班都心情愉悦。如今，面对当前的工作状态，他再次萌生了离职的念头，却陷入了深深的选择困境——既担心再次跳槽会重蹈覆辙，又害怕错过更好的机会。

案例中的职场困境其实非常普遍。据统计，超过60%的职场人在跳槽后都会面临新的适应问题。笔者也曾经历过这样的阶段：总以为"下一份工作会更好"，却在一次次跳槽后发现，每份工作都像围城。经历了三次不成功的跳槽后，笔者才明白：真正的职场幸福感，在于找到与自身需求匹配的平衡点。这份认知，或许就是岁月给予职场人最宝贵的礼物。

二、敬畏手中的工作，踏实负责最重要

在财务领域，专业能力的培养本质上是一个实践积累的过程。即便具备优秀的专业素养，财务人员仍需保持务实的工作作风。笔者发现，财务新人普遍存在职业期望与实际能力不匹配的现象。需要特别指出的是，财务工作的理论知识与实务工作存在显著差异，财务新人更应注重实务工作的夯实：先要深入理解业务流程，系统掌握基础操作规范，通过出色完成基础性工作逐步建立职场信任，进而承担更复杂的工作内容。然而，当前部分财务新人存在认知偏差，将发展受限简单归因于缺乏施展平台。这种本末倒置的职业认知，往往会影响其正常的职业发展路径。

案例

在一次招聘活动中，财务经理面试了毕业于某"211"院校的小赵。小赵拥有两年的工作经验，照常理来说，一些常规的财务基础工作他应该能够胜任。而且，在交流中不难看出，他对自己的职业发展有着颇高的期望。

经过沟通，小赵最终接受了财务经理给出的邀请并开始上班。考虑到他有两年的工作经验，该财务经理没有安排过于基础的工作，而是让他尝试做报表相关的工作，以此来考察他的专业水平。这份报表工作其实并不复杂，主要是对科目余额的数据进行拆分，然后按照管理报表的取数规则重新分类即可。然而，令人惊讶的是，小赵竟然花费了半个月的时间，也没能准确完成这份报表。最终，财务经理实在等不及了，亲自上阵，不到一个小时就完成了这份报表。

小赵原本希望能从事总账相关工作，按理说，最基本的报表逻辑对他来说应该不是问题。但他连一份简单的管理报表都做不好，这充分暴露出他的基本功并不扎实。因此，财务经理只好安排他从事数据录入工作。这项工作非常简单，只需将线下的数据录入系统。然而，让人失望的是，一个多月过去了，他的工作中出现了一系列错误。无奈之下，财务经理只好让另一位应收会计加班一个多月，才慢慢填补了他工作失误留下的漏洞。

后来，鉴于他连简单的工作也无法做好，财务经理便打算安排他做一些打杂的工作。这一安排却引起了小赵的强烈不满。他觉得打杂工作太过简单，无非就是复印、装订凭证等，毫无挑战性可言。至此，小赵陷入了一种尴尬的境地：简单的工作他不愿意做，复杂的工作他又错误百出，同时内心还觉得自己怀才不遇，满心都是愤懑和不甘。

这种工作态度不仅让他个人在工作中感到憋闷，无法实现自身发展，还给整个团队带来无尽的困扰，导致团队其他成员也心力交瘁。最终，他没有通过试用期考核，被公司辞退了。

职场中，能力需要靠实干支撑，机会需从小事积累。与其抱怨"怀才不遇"，不如先踏实打磨基本功，用行动证明价值。否则，再光鲜的履历也难掩能力的短板，最终陷入"简单工作不愿做，复杂工作做不了"的恶性循环。

三、不要用兴趣来评价工作

在职场中，专业素养应优先于个人偏好，以职业化的态度对待每一项工作任务至关重要。评价工作时，切忌仅以个人兴趣为衡量标准。虽然个人兴趣重要，但它并非工作价值的唯一尺度。每份工作都有其独特的意义和价值，若仅凭个人兴趣来评判，容易陷入片面视角，忽视那些看似简单却至关重要的任务。这种轻视不仅可能影响工作质量，还可能阻碍个人职业发展。因此，应客观看待工作，以专业态度为准绳，才能实现个人与职业的共同成长。

案例

财务新人小王毕业于国内顶尖大学税务专业，在校时成绩优异，税务专业知识掌握得非常扎实。小王满怀信心踏入职场，渴望大展身手，将所学应用于实际。现实却给了他当头一棒，让他深刻体会到了理想与现实之间的巨大差距。

小王入职的是一家大型公司，财务部门分工明确，他被分配到出纳付款岗位。该岗位主要负责审核付款申请单据，确保信息准确完整后进行付款。在小王看来，这份工作毫无技术含量，每天处理大量单据，机械重复，既用不到专业知识，又缺乏挑战性和成就感，无法满足职业期待。

作为初入职场的新人，小王深知自己实务经验不足，在当前岗位难以接触税务优化项目。于是，小王尝试与财务经理沟通，希望获得更多机会。但受限于公司的岗位设置和流程，他的努力未得到回应。在经过近半年的挣扎与思考后，小王最终离职，试图寻求更适合的职业发展道路。

事实上，很多财务新人都是怀揣着对专业的热爱与对未来的憧憬踏入企业,却常被分配至看似简单重复的岗位,难以寻得成就感与归属感。然而,财务工作贯穿企业资金流转、成本控制、预算管理等核心环节,每个岗位、每项任务都承载着特定的职责和使命。无论是基础记账、算账,还是高级财务分析、税务优化,都在为企业稳健发展贡献力量。这些工作虽看似平凡,实则需高度专业素养与严谨态度方能胜任。只有将每一项工作做到极致,才能在财务领域持续积累经验,逐步提升专业能力,最终实现职业理想。

四、正确看待领导的批评

作为财务新人,面对领导的批评,应保持平和且理性的心态。如果领导指出的问题确实合理准确,那就要虚心接受并努力改正,这既是对自己负责,也是对工作和团队负责。如果领导的批评不太准确或与实际情况不完全相符,也无须太过在意,毕竟领导也是普通人,也会有情绪波动和主观判断的时候,这种情况完全可以一笑而过,别让这些无关紧要的话影响自己的心情和工作状态。

实际上,被领导批评未必是坏事。若领导能就事论事地指出问题,并给出具体指导和建议,这种高标准、严要求的态度,从另一个角度看,是对个人职业发展的鞭策和激励。所以,面对领导的批评,不妨换个角度去看待,将其当作一次学习和提升的机会,而非一种否定或打击,然后以更积极的心态去应对工作中的挑战和困难,不断成长进步。

总之,财务新人初入职场,需在多方面进行认知重塑。无论是求职、工作实操,还是对待领导批评等,都应以正确心态和行动应对。在不断经历与调整中,逐步实现身份转变,开启职业发展新篇章。

第二节 财务新人如何做职业规划

财务新人在求职过程中，信息不对称问题尤为突出。一部分新人通过提前准备，掌握了简历优化、面试技巧等关键能力；而另一部分新人则因信息匮乏，只能依赖有限渠道寻找机会。正是洞察到这一需求，市场上涌现出一批收费高昂的职业辅导机构，声称提供简历优化、面试辅导、职业规划等一站式服务。尽管这些机构争议不断，但从积极角度看，它们反映了市场对职业相关教育的强烈需求。毕竟，找到工作只是起点，如何在职场中稳步成长、实现长期发展，才是更核心的问题。下面笔者结合实践经验，为财务新人梳理职业规划的方向性建议。

一、职业方向

从宏观的职业发展路径来看，笔者大致将其划分为专业与管理两条路线，而这两条路线的选择直接左右着新人未来可能涉足的企业范畴。

（一）专业路线——乙方

所谓专业路线，简而言之，可类比为财务领域的"乙方"角色。选择此路，意味着需对会计准则、相关制度及法律法规具有极为深入且精准的把握，对于复杂业务的账务处理模式和报表披露方式更要了如指掌，始终深耕于财务理论与实务工作的深度融合，持续学习以紧跟知识更新的步伐。对于那些热衷于研究、享受学习的财务人员而言，这一路线无疑极具吸引力。

如果立志于专业路线，在首份职业选择时，四大会计师事务所无疑是理想之选。不过，选择不应局限于审计岗位，还需细化个人职业目标，且专业认证是必不可少的敲门砖。不同证书对应不同的专业方向：CPA适合从事审计工作；国际注册内部审计师（CIA）更契合内审岗位；美国注册管理会计师（CMA）则偏向管理会计及咨询领域。因此，精准定位个人目标是成功的关键。财务领域极为广阔，对普通人来说，全面掌握所有领域既无必要也难以实现。深耕某一领域，精通一门技艺，便足以在财务之路上稳步前行。以四大会计师事务所为例，其内部业务也呈现细分态势。即便同为审计岗位，也按行业特性划分团队并承接业务，如金融、制造、房地产等行业小组。税务咨询领域同样如此，既有专注个人税收的专家，也有企业税负顾问，甚至按地域细分，如专攻中国税法的专家。

历经三五年，当专业经验与资质证书兼备后，是继续深耕于"四大"、咨询公司或投行等专业机构，还是以部门专家或顾问身份融入业务企业，便成为新的职业考量。然而，有"四大"背景的审计人员直接涉足核算管理岗位并非最优选择，因审计工作的规范性与实际业务的灵活性存在显著差异。很多企业在招聘时通常要求"三到四年'四大'经验"，这是因为管理能力难以量化，简历与面试难以全面证明一个人的能力，所以经验与证书便成为重要背书。但如何平衡专业化深度与职业广度，则需要结合个人特点与市场需求动态调整。

（二）管理路线——甲方

管理路线，可视为财务领域的"甲方"角色。此路径不仅要求财务人员完成日常核算、报税等基础工作，更需站在数据视角，紧密结合企业的业务模式与发展规划，为管理层提供具有前瞻性的决策建议。同时，从企业管理的层面出发，致力于挖掘并节约企业的隐性成本，从而助力企业创造利润。当然，若遇到高度专业化的难题，适时咨询专家即可。走管理道路的财务人员，虽然也需要具备扎实的专业知识并持续更新，但无须过度钻研每一个细节，有时仅需掌握大致概念与方向即可，具体操作细节可以通过咨询专家来辅助完成，从而高效推进工作。

选择管理路线时，行业与平台的选择尤为关键。建议优先考虑业务复杂度高的企业进行历练，这类企业未必规模庞大，但需具备完善的财务管理体系。特别是职业生涯的第一站，往往会对财务新人未来的工作方法论产生深远影响。职业初期形成的思维模式，将贯穿整个职业生涯。笔者基于跨行业、多类型企业的实战经验，整理了部分行业和企业的特点分析表，见表9-1。

表 9-1　部分行业和企业的特点

行业（从财务核算角度分类）	特　点
生产制造	成本核算较为复杂，会要求有同行业背景
项目工程	在建工程——固定资产核算较为复杂，会要求有同行业背景
房地产	包含项目核算，税费也较为特殊（土地增值税、房产税），会要求有同行业背景
高科技	需要熟悉高新技术企业相关税收优惠政策，行业背景不是硬性条件
其他行业	学习能力强的跨行业相对容易，行业背景不是硬性条件

企业类型	特　点
①中央企业、国有企业	流程规范细致，纪律要求严格，政治学习是日常工作的重要组成部分，晋升需要等待合适的机遇，结合个人的能力与积累来实现
②集团型公司	财务体系及制度相对比较完善，晋升渠道清晰，但沟通成本大、灵活性差
③上市公司／"大厂"	各个岗位呈模块化，工作内容固化，同样存在沟通成本大、灵活性差的问题
④私人企业	财务相对不受重视，规范性较差，老板的做事风格直接决定企业风格，但能和老板直接进行思想碰撞，有助于提升业务管理思维
⑤外资企业	相对稳定，但业务可能会受政策影响，有外语要求

如果选择管理路线作为职业发展方向，则需要在求职过程中投入更多精力进行系统的行业与企业调研。具体而言，建议从以下三个维度展开分析。

1. 行业选择

财务职业因其普适性常被认为就业面广,这确实不无道理——任何企业都离不开财务。然而,这种宽泛的就业优势往往仅适用于基础岗位层面。若以管理岗位为职业目标,就必须突破这样的思维局限。事实上,职位层级越高,可选择的行业范围反而越窄,最终往往只能深耕于特定领域的头部企业。要实现从操作型人才向管理者的转型,财务人员必须超越基础工作维度,培养行业级的战略视野,包括把握行业发展周期、理解特有商业模式、洞察监管政策走向等宏观要素,并将这些认知转化为会计政策选择、财务报告重点等具体工作实践。

值得注意的是,当前职场正呈现"双向专业化"趋势:财务职能本身在不断细分的同时,行业壁垒也在持续强化。这使得"具有相关行业背景"成为管理岗招聘的硬性门槛。因此,财务新人应当在职业早期就选定赛道,通过持续深耕构建不可替代的行业价值。

这种行业属性的深度绑定,要求财务人员在工作中必须主动融入业务。通过熟悉本企业业务,逐步掌握行业特性与运作逻辑,并在此过程中积累行业知识、人际关系及定制化的财务操作方法。这些资源往往具有极强的行业专属性,难以直接复制到其他领域,凸显出行业壁垒的显著性。因此,财务工作的极致表现,不仅是专业能力的精进,更是对行业规律的深刻洞察。唯有成为"行业专家",才能突破单纯技术层面的局限,真正提升自身价值。

鉴于行业选择的重要性,求职前深入调研至关重要。然而,市面上行业分析报告往往晦涩难懂。对此,建议选择信誉良好的招聘网站,利用其职位搜索功能浏览就业市场中的行业分类,如金融、高科技、工业制造、贸易、服务等大类。初览这些分类,可快速锁定兴趣领域。

确定行业大类后,可进一步上网查阅详细资料,了解行业特性、发展趋势等关键信息。也可以咨询行业前辈,获取更深入的见解与建议。此外,关注国家政策导向至关重要，了解哪些行业受国家重点扶持或享有税收优惠，选择这些行业通常更为稳妥，因其往往蕴含更多发展机遇与政策红利。

2. 企业选择

确定行业后，下一个筛选维度便是企业类型，如中央企业、国有企业、私人企业、民营企业、外资企业、合资企业等。企业类型的选择，实则取决于个人偏好。抗风险能力较弱、渴望稳定，中央企业、国有企业或行政事业单位更合适；若喜爱外语且追求个性者，则可能更适应外企管理模式。

当然，每类企业都有其独特优势与不足。世上并无完美工作或企业，优质企业也可能存在管理不善的领导，而表现平平的企业也可能有杰出团队。因此，应根据自身需求，权衡利弊，做出明智选择。

3. 明确目标企业

当行业方向和企业类型明确后，目标企业的范围其实已经相当清晰——每个行业的头部企业屈指可数。在这个筛选阶段，建议用天眼查、国家企业信用信息公示系统等专业工具，重点考察以下三个方面。

（1）资本实力

注册资本规模往往与企业市场竞争力正相关，注册资本不高的企业，其业务体量和行业地位通常较为有限，但需注意结合实缴资本综合判断。

（2）治理团队

通过公开渠道调研董事会成员背景，特别是核心管理层的从业经历和管理理念。管理团队的素质往往决定了企业的发展上限。

（3）股东背景

优质投资方的入驻，通常意味着企业具备较强的发展潜力。知名投资机构的专业尽调能力，在某种程度上为企业的基本面提供了背书。

这三个方面的交叉分析，最终指向一个核心要素，即平台价值。优质平台不仅能提供更高层次的发展空间，更决定了未来将与怎样的领导共事、接触何种层级的商业资源、获得怎样的行业认知深度。选对平台，就是给自己的未来投资。因此，在选择企业时，务必以平台价值作为首要考量标准。

此外，财务职业发展并非只有专业和管理两条单行道，适当拓宽视野，还能发现不少跨界发展的可能性。对于学习能力强且善于表达的财务人员而言，转向财务职业教育领域是个值得考虑的方向。在当前就业压力较大的环境下，职业资格证书培训市场持续火热，这为具备实务经验的财务人员提供了转型机会。这类培训工作形式灵活，既可以是线下面授，也能通过直播平台开展线上教学，工作时间相对自主。

另一个值得关注的跨界方向是财务相关技术岗位，其中财务系统顾问极具代表性。这类岗位要求从业者既懂财务专业知识，又具备一定的系统操作能力或销售技巧，属于典型的复合型人才需求。虽然就业选择面相对集中，但正因其专业门槛较高，市场竞争反而较小，能为财务人员提供差异化的发展空间。选择这类跨界岗位时，关键要评估自身技能结构与岗位要求的匹配度，以及职业发展的可持续性。

二、职业诉求

财务新人在评估工作机会时，通常会聚焦以下三个方面。

1. 薪资水平

薪资作为最基础的考量因素，直接关系到生活质量和个人价值实现。一个完善的薪酬体系应当包含基本工资、绩效奖金、福利补贴等部分，同时需要评估其长期增长潜力。值得注意的是，某些岗位可能提供诱人的起薪，但缺乏系统的调薪机制，这种"高开低走"的情况需要特别警惕。

2. 发展平台

发展平台的评估需要更立体的视角。优质的企业平台应当具备完善的培训体系、清晰的发展通道、丰富的项目资源，以及专业高效的团队氛围。这些要素共同构成了职业成长的加速器。反之，如果一个岗位缺乏学习机会和成长空间，即使薪资尚可，长期来看也会面临职业倦怠和能力贬值的风险。建议新人特别关注企业的研发投入占比、员工平均司龄、高管晋升路径等指标，这些都能从侧面反映企业的人才培养能力。

3. 通勤成本

当前，通勤成本对生活质量的隐性影响常被低估。研究表明，单程通勤时间超过 45 分钟会显著降低工作满意度与幸福感。若用公式"有效工作时间 = 在岗时间 + 通勤时间 × 1.5"测算，看似高薪的岗位可能因长通勤折损实际价值。例如，每日三小时通勤看似无关紧要，却可能吞噬职业发展的隐性机会。通勤节省的时间完全可以用于自我提升、健康管理或家庭陪伴，这些"时间资产"带来的长期收益，或许比薪资数字更能定义生活的性价比。

三、岗位选择及能力提升

对于财务新人，建议优先选择能够提供轮岗机会的岗位，比如管理培训生项目。理想的轮岗路径应该涵盖财务各基础模块：从出纳、费用会计到应收应付、总账会计，再到报表分析，甚至可以考虑短期轮岗业务部门。这种全方位接触业务的模式，能为职业发展筑牢根基。

职业前三年是能力沉淀的关键期，建议秉持两大心态：一是摒弃高薪执念，二是拒绝好高骛远。此阶段应以全面学习业务、积累实务工作经验为核心目标。在基础岗位上，需培养"持续优化"的思维惯性——任何重复性工作流程都存在改进空间。无论是通过 Excel 宏提升效率，还是通过专业判断规避税务风险，这些优化实践都是培养管理能力的机会。当某一模块完全掌握后，就应该主动申请调岗，以同等钻研精神开拓新领域。

更重要的是，要将每份工作视为"简历打磨"的契机。聪明人会将平台转化为成长演练场：向业务部门学习商业决策逻辑，向市场部门学习营销知识，向 IT 部门学习系统架构思维。这种复合视角才能真正构筑职业竞争力，促使财务人员走得更远。

四、谨慎跳槽

财务人员若想实现职业的稳健发展，频繁跳槽是大忌。一般而言，除非遭遇诸如企业违规操作、严重拖欠薪资等触及职业底线的特殊情况，否则在一家企业精耕细作至少三年，才足以全方位掌握其业务逻辑。目前，部分财务人员的跳槽只是平行移动，仅仅是从一家企业的会计岗位转换至另一家企业的同类岗位，薪资未见显著增长，工作经验也未得到有效积累。这种行为，实则是对职业发展的无谓消耗，无法为个人职业价值增添光彩，反而让简历显得浮躁。

事实上，财务人员的职业跃升应聚焦于职级的晋升与责任范畴的拓展，诸如从基础会计岗位迈向财务经理这一关键台阶，这才是职业成长的真正体现。

第三节　财务新人的求职技巧

在过去三年里，笔者有幸辅导了众多财务方向的新人。在这个过程中，笔者逐渐总结出了一些具有普遍性的规律。在本书的最后部分，主要围绕如何优化个人简历和做好面试准备这两个关键方面，分享一些实用且重要的经验，以帮助财务新人在求职过程中更加得心应手。

一、如何优化简历

撰写和优化简历，主要有以下四个步骤。

第一步：选择模板

要选择一个商务风格的模板，避免使用过于花哨或色彩复杂的设计，以确保简历呈现出沉稳、专业的气质。在填写个人信息时，应简洁明了，无须包含冗余内容。许多人习惯在简历中加入籍贯、血型等信息，这些对求职并无实质帮助，建议直接省略。通常只需保留姓名、手机号和邮箱等关键信息，即可满足招聘方的基本需求，同时要保持简历的简洁与专业。

第二步：打造亮点板块

要为简历打造一个能够瞬间吸引 HR 目光的亮点板块——自我评价或优势亮点展示区。在简历筛选过程中，HR 对每份简历的平均浏览时间可能仅有短短十几秒。因此，如何在第一时间抓住 HR 的注意力至关重要。

在撰写这部分内容时，建议从专业能力、沟通协调能力和团队合作能力等多个维度入手，精准提炼自身优势。避免使用冗长的文字描述细节，而是用简洁的语言概括出几个关键词或重点业绩表现。例如，可以写"三年全盘账务处理经验，主导过两个以上税务优化项目"或"擅长跨部门协作，成功推动某预算管控系统落地"。这种简洁有力的表达方式，既能突出个人优势，又能让 HR 快速捕捉到关键信息，从而提升简历的竞争力。

第三步：梳理工作经历

对过往工作经历进行系统性梳理，并提炼成模块化的工作内容，分段进行描述。对于财务基础岗位的常规性工作（如记账、报税、审核凭证等），如果缺乏独特亮点，建议无须详细罗列，避免让简历显得冗长乏味。相反，应重点突出那些能够量化成果、体现个人能力的经历。例如，在某个项目中优化了财务流程，将工作效率提升××%；通过税务优化为公司节省成本

××万元；主导某系统的搭建，推动业务部门协同效率提升等。需要强调的是，撰写简历时应以"为自己的职业发展打工"的心态对待工作，而非单纯完成上级任务。例如，在从事每项工作时，主动思考"这段经历能否为简历增添竞争力"，如果答案是肯定的，即使过程艰辛，也要全力以赴，因为它将成为职业价值的证明。

此外，在描述工作经历时，需注重语言的精练。许多求职者希望展现丰富的经历，但长篇累牍的叙述反而会让HR失去阅读耐心。正确的做法是：用简洁的语言提炼核心成果，突出关键数据和价值贡献，让招聘者一目了然。例如，原表述："负责公司全盘账务处理，包括记账、报表编制、税务申报等工作。"优化后："全盘账务处理，月均处理单据500+份，税务申报准确率100%，协助完成年度审计0差错。"通过这种方式，既能展现专业能力，又能让简历内容更加高效传达。

第四步：展示教育经历和技能

在简历的收尾部分，需以简洁、精准的方式补充教育背景与技能证书信息，为个人能力画像画龙点睛。

对于教育背景，应届生可聚焦学术优势，简要列出核心专业课程及成绩（如GPA排名或高分科目），展现扎实的理论功底；社招人员则只需清晰标注毕业院校、学历及时间，避免赘述，保持简历的专业性与简洁度。

关于技能，需要从三个方面展示：明确标注专业资质证书（如CPA、CMA）及获取时间，凸显职业资格；强调熟练操作的财务系统（如SAP、Oracle）及工具（如Excel VBA、Python财务分析），契合企业智能化需求；注明英语水平（如CET-6、雅思）或双语工作能力，拓宽职场应用场景。

其他非核心内容（如兴趣爱好）对求职加分有限，建议优先剔除。若与岗位强相关（如财税自媒体运营经验），可简明扼要地点缀，避免喧宾夺主。

二、如何准备面试

在面试过程中，保持镇定自若、自信流畅的表达至关重要。这种自信源于对自身经历的清晰梳理与深度思考。只有对过往经历的每一个细节都了如指掌，才能在面试中从容应对各种问题，而这恰恰是成功通过面试的关键。充分的准备是面试成功的基石。财务新人需要通过系统性的总结与提炼，将个人优势与岗位需求精准对接，从而在面试中展现出最专业、最匹配的职业形象。

面试前的准备工作，需要从两大维度展开：其一，全面了解应聘企业的基本面，包括主营业务、发展历程、企业文化等核心信息，做到"知彼"；其二，精准剖析目标岗位的核心能力要求，结合行业特性提炼差异化优势。以财务岗位为例，财务新人不仅需要夯实专业基础，更应关注行业特性，如高新技术企业的税收优惠、外贸企业的出口退税流程等，同时融入对行业趋势的洞察，在面试中展现专业深度与前瞻视野，从而与岗位需求高度契合。

自我介绍作为面试的关键开场环节，需要避免机械复述简历，而应聚焦于个人优势与岗位需求的精准匹配，针对不同岗位特点进行差异化表达。回答职业规划类问题时，建议采用务实态度，结合企业发展脉络制定可落地的阶段性目标，而非泛谈宏大愿景。面对专业问题，则需要以扎实的基础知识为核心，优先展现解决实际问题的能力，无须刻意追求理论深度。此外，对行业政策法规的持续跟踪与解读，往往能成为彰显专业敏锐度的亮点，为面试表现加分。

面试过程中，还可能遇到各类突发情况，求职者需要以冷静理性的姿态应对。面对压力测试类问题，应该不卑不亢地阐述观点，展现应变能力；遭遇知识盲区时，可坦诚回应并突出学习能力，将劣势转化为成长契机。需要注意的是，面试结果很容易受主观因素干扰，无须因为某次得失而过度焦虑，而应将其视为经验积累的契机。始终以专业态度呈现真实自我，才能在求职征程中把握机遇，实现职业发展的长远目标。

需要强调的一点是，财务新人在面试表达中需要注重语言的逻辑性和条理性，建议采用 STAR 法则——situation（情景）、task（任务）、action（行动）和 result（结果）四个英文单词的首字母组合——来结构化自己的回答。这种方法不仅能帮助自己系统梳理过往经历，更能清晰展示自己分析问题、解决问题的专业能力。例如，在描述一个成本管控项目时，可以依次说明当时的业务背景（S）、需要达成的财务目标（T）、采取的具体措施（A）以及最终实现的降本成效（R）。这种条理分明的表达方式，既体现了财务新人应有的严谨思维，又能让面试官快速捕捉其专业价值。

总之，财务新人的求职是一个系统性工程，需要以精准定位和专业沉淀为核心，通过简历优化与面试准备的双重发力，实现职业发展的高效突破。

后 记

作为"80后"的一员，我们这代人从小接受传统应试教育，高考前"考好大学，找好工作"几乎是唯一的人生目标。然而，步入职场后，学校教育与现实需求间的鸿沟愈发明显，尤其在财务等实践性强的专业领域。课堂理论难以直接转化为职业能力，初入职场的应届生面临多重挑战：专业技能提升、职业规划、人际关系处理、工作对接技巧等课堂未涉及的现实课题，都需要在职场中独自摸索、试错积累。这种"自学成才"的成长模式不仅效率低下，更让许多年轻人在职业起步阶段便陷入迷茫。

与此同时，尽管财务职能对企业运营至关重要，但市场需求与人才供给之间存在明显错位：中小企业普遍将基础财务工作外包给代账公司，既为压缩人力成本，也折射出企业对财务价值的长期忽视；即便设置专职岗位，财务人员也常需兼任人事、行政等事务。实际工作中，财务岗位的负荷远超表面认知——除月度结账等周期性压力外，还需响应管理层临时的数据调取需求。由于企业数据标准缺失，财务人员往往需要耗费大量时间清洗非标准化数据、搭建分析模型，这种重复性数据治理工作严重制约了财务职能向战略决策支持的转型，使从业者陷入"业务价值难以彰显"与"基础性事务缠身"的双重困境。

从职业发展维度审视，财务部门作为企业支持性职能，始终面临价值认同的双重挑战：一方面，需要向业务部门解释专业规范；另一方面，又要应对业务部门对财务管控的抵触情绪。在数字化转型向纵深推进的背景下，这种困境被进一步放大——智能化系统正逐步替代标准化会计核算工作，财务人员的核心价值亟待重构。这种技术替代趋势不仅颠覆了"经验积累型"传统职业发展路径，更使得从业者陷入"基础操作贬值"与"高阶能力不足"的结构性矛盾，职业安全感随技术迭代节奏持续流失。

20年前，财务专业或许还承载着稳定性与不可替代性的光环，但如今，近九成的财务从业者正身处职业发展的瓶颈期。相关报告揭示，基础核算岗位需求正以年均12%的速度萎缩，而复合型财务人才——那些既懂商业分析又精通数据建模的精英——缺口却持续扩大。这一供需倒挂的现象，将无数财务人推向了转型的风口浪尖。财务职能的转型升级，已非选择，而是行业演进的必由之路。

我全程见证了这场职业革命的波澜壮阔。从初入职场时重复性的账务处理，到后来掌舵集团财务数字化转型的重任；从被基础核算工作牵绊，到构建起战略财务、业务财务、共享财务三位一体的管理体系。我在实践中磨砺商业敏感度，在系统升级中掌握数字化利器，最终实现了从传统核算型财务到战略财务的转型。在此过程中，我摸索出的一套工作方法——如何巧用工具提升效率，如何在流程标准化与业务灵活性间找到平衡。这些宝贵的经验，都通过书中的情景案例，毫无保留地呈现给读者。

对于正在转型迷茫中的财务同人，本书提供的不仅是职场经验分享，更是一份可实操的行动指南。在撰写时，我尤为注重实践工具的实用性，所有方法均经过中小企业场景的验证，确保接地气、可落地。

本书没有晦涩难懂的理论框架，也不贩卖"成功学"的速成秘籍，它只是我个人十几年财务生涯的真实记录。书中的每一点感悟，都源自实践的深刻洞察与独立思考；每一套方法论，都是时间沉淀下的经验结晶。若书中有不足之处，恳请读者朋友批评指正，我将以开放的心态接受反馈，不断完善这本"财务人职场记事本"。

雷 蕾

2025年3月